华夏文库·儒学书系

托古改制

公羊传

陈慧琪 著

大地传媒 中州古籍出版社

《华夏文库》发凡

毫无疑问，每一个时代都有属于自己时代的精神追求、文化叩问与出版理想。我们不禁要问，在21世纪初叶，在全球文明交融的今天，在信息文明的发轫初期，作为一个中国出版人，我们正在或者将要追求什么？我们能够成就或奉献什么？我们以何种方式参与全球化时代的文化传播进程？在一连串的追问下，于是，有了这套《华夏文库》的出版。

自信才能交融。世界各大文明在坚守自身文化个性的同时，不约而同地加快了探视其他文化精神内涵的步伐，世界不同文明正在朝着了解、交流、碰撞、借鉴与融合的方向前进。在此背景下，建立自身的文化自信，正是与世界各文明民族进行文化交流的基本要求。五千年中华文明与文化正在不断地被其他文明所发现、所挖掘、所认知，汉语言正在生长为世界语言，儒文化正在世界各地生根发芽。

借助这样一种正在成长着的文化自信、自觉、开放、亲和之力，用我们这个时代的学术眼光全面系统梳理中华五千年的文明与文化，向其他各大文明与文化圈正面展示自我，让中华优秀文化成为世界文化的重要组成部分，正是我们出版这套文库的目的之一。此其一。

知己才能知彼。身处五千年文化浸润的今天，重新思考我们先人的人生思考、价值思考与哲学思考，找到一个民族、一个国家的价值所在、立命所在、安身所在，这已经是我们这个时代的学人与出版人不得不再思考的问题。作为中华文明的一分子，我们在思考的同时，还必须了解我们的先人创造了如何优秀的精神文明与物质文明以及社会文明。只有熟知自己的文化，热爱自己的文化，悟明自己的文化，我们才能宣说自己、弘扬自己、光大自己。因此，我们策划组织这套《华夏文库》的初衷，还在于让当下的知识青年全面系统瞭望中华文明与文化的全景，并借此能够对更为深广的世界各民族文化提供一个比较认知的基础。此其二。

顺势才能有为。我们正处在农耕文明、工业文明、信息文明的交汇处，信息文明带领我们从读纸时代进入读屏时代，以智能手机屏幕为代表的书籍呈现方式正在与纸质书籍争夺阅读时间与空间。我们正在领悟数字技术，正在以信息文明的视角，去整理、分析和研究农耕文明与工业文明的文化遗产，不仅仅是为了唤醒优秀的传统文化，我们还在生发和原创着当今时代的文化。由此，我们试图架起一座桥梁——由纸质呈现而数字呈现，由数字呈现而纸质呈现，以多媒介的书籍呈现方式，将文字、图像、声音与视频四者结合，共同筑成《华夏文库》以奉献给信息文明时代的新读者。此其三。

总之，这是一套——专家大家名家写小书；以最小的阅读单元，原创撰写中华精神文化、物质文化与社会文明系列主题与专题；以图文、音视频多媒介呈现的方式，全面介绍与传播中华文明与优秀文化，系统普及与推介中华文明与文化知识；主旨是为了让世界与中国共同了解中国的——大型丛书，借此，复兴文化，唤起精神，融入世界。

耿相新
2013 年 6 月 27 日

目 录

引言 …………………………………………………………… 1

一 政治儒学之书

1 从口耳相传到写于竹帛 …………………………… 4
2 "外王"之学
　　——关注政治 ………………………………………… 9
3 新的解经方式
　　——设问作答 ………………………………………… 12

二 阐释"春秋笔法"

1 索隐派
　　——探寻文字背后的意义 …………………………… 19

2 批判者
　　——"讥贬绝诛"各不同 …………………………… 27

3 "为新王制义"的经世取向 …………………………… 32

三　经世治国之义

1 大一统
　　——"元年春王正月"引发的开卷第一义 …………… 39

2 通三统
　　——新王朝改变制度的原因 …………………………… 44

3 当新王
　　——新的王者产生 ……………………………………… 49

4 张三世
　　——社会演变的轨迹 …………………………………… 56

5 别内外
　　——怎么评判华夏夷狄 ………………………………… 60

6 荣复仇
　　——齐侯灭纪国与"九世复仇" ………………………… 65

7 立嫡长
　　——选立后嗣的原则 ………………………… 70

8 明权变
　　——祭仲废立国君与行权之道 ……………… 77

四 《公羊传》的实际应用

1 "引经决狱"
　　——法律圣经 ………………………………… 85

2 立嗣问题的决断 ………………………………… 95

3 天人感应
　　——决策大事 ………………………………… 98

五 《公羊传》家学世代传

1 注解的注解 …………………………………… 107

2 为汉制法
　　——《公羊传》的胜利 ……………………… 111

3 兄弟之争
　　——《公羊传》《穀梁传》异同 …………… 116

4 进化和改制
　　——康有为的新见解 …………………………………… 120
5 历代对《公羊传》的评论 …………………………………… 124

小知识目录

曲礼一篇无母狗，春秋三传有公羊 ……… 7
素王孔子 ……………………………………… 16
西狩获麟 ……………………………………… 17
信义为盟 ……………………………………… 24
避讳 …………………………………………… 31
不畏强御的仇牧 …………………………… 34
不食其言的荀息 …………………………… 35
义形于色的孔父 …………………………… 36
能变的秦穆公 ……………………………… 36
诸侯大婚 ……………………………………… 54
《大义觉迷录》 ……………………………… 64
夷夏之辨 ……………………………………… 64
伍子胥复仇正义吗 ………………………… 68
大葬之礼 ……………………………………… 74
嫡长子继承制 ……………………………… 76
三科九旨 ……………………………………… 81
郑庄公是奸雄吗 …………………………… 82

赵盾是否"被"弑君……93
星象与生活……104
汉代三传争立学官……113
石渠阁会议……114
白虎观会议……115
两汉《公羊传》有多红……118
灾异可怕吗……125

引言

微言大义宗《春秋》一本书，
经历千年兴衰

它曾盛极一时，被万人争相学习。它也曾沉寂千年，无人问津。

《公羊传》，作为儒家今文经学的主要经典之一，见证了今文经学的盛衰。在历史的进程中，《公羊传》所确立的政治制度，也影响了中国几千年。

"仲尼厄而作《春秋》。"孔子晚年笔削鲁史而编著《春秋》，历来被认为是有深意的。但《春秋》一书，只是简单地记录了春秋时期的历史。宋代王安石曾称之为"断烂朝报"，认为其残缺，无参考价值。这一批评虽说有些过激的情绪化，但也表明了解读《春秋》的不易。

读《春秋》，必读《春秋》三传。《左传》以历史价值见长，记事翔实，多用事实解释《春秋》，在现代看来是一部详细完备的编年史。《公羊传》重在阐释《春秋》每一字词的内在含义，总结《春秋》大义。《穀梁传》体裁与《公羊传》相似，也侧重解释《春秋》义理，但过于简略，而且影响不及其他二传。所以要读懂《春秋》微言大义，应以《公羊传》为首。

今文经学的传统，尊奉孔子，重微言大义，根据现实政治需要解读经学。《公羊传》试图站在孔子的立场，深入体味《春秋》字词，来探求《春秋》大义。在公羊学者看来，他们所提出的各个观点，都是来自孔子，都是从《春秋》中经过索隐得出的。

司马迁曾言："拨乱世反之正，莫近于《春秋》。《春秋》文成数万，其指数千。万物之散聚皆在《春秋》。"司马迁所处的西汉中期正是《公羊传》最为盛行之时。《公羊传》所说之《春秋》大义又何止千万，但其中最为重要的是在政治方面。

《公羊传》所希望的是建立起一个王道国家，为此制定了各方面的制度，期待后世有人能实行。所以《公羊传》带有强烈的经世致用色彩。

《公羊传》衰亡了千年，但其影响千年不灭。现在，我们再来了解《公羊传》，对于更深入地理解中国政治是会有帮助的。

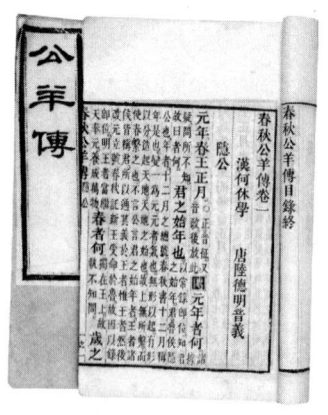

《公羊传》
十三经之一，又称《公羊春秋》，是专门解释《春秋》的三传之一。用问答的方式解经，着重阐释《春秋》的"微言大义"

一 政治儒学之书

《公羊传》为《春秋》作传，从口耳相传至汉初写于竹帛。几百年间，经众多儒生讲习，《春秋》由史书而成为儒家经典，《公羊传》也成为阐释春秋大义最为重要的典籍之一。

1. 从口耳相传到写于竹帛

早期的书籍，和现代意义上的书籍差别很大。那时的人并没有著作权的概念，书籍往往很难找到确切的作者，在流传中又会遭到他人的窜改。所以了解一本书，就要从作者、流传入手了。

《公羊传》，或者称为《春秋公羊传》《公羊春秋》。按早期命名的惯例，公羊，指的是姓公羊的学者；传，指的是对于经典的解说。从书名上可以看出，《公羊传》是公羊氏对《春秋》一书所作的解说。公羊氏就是本书的作者了。

那么《公羊传》中所指的公羊氏是谁呢？在现存最早的文献目录《汉书·艺文志》中，东汉班固只是将《公羊传》的作者笼统地称为"公羊子"。子，是古时对老师或有学问的人的一种尊称。公羊子就是指姓公羊的老师。这其实没有说明白。后人颜师古注解说是公羊高。《公羊传》旧时书上所题就按这一说法，注明是战国时齐人公羊高。而清代的《四库全书总目》则有另一说法，署作汉公羊寿。

为什么《公羊传》的作者署名会有不同说法？应该是谁？这一问题还要从先秦典籍的著述和流传说起。

古时书籍不像我们现在这样，有纸质的书籍，更有传播迅捷的电子书。在先秦时期，知识传播最常见的方式是口耳相传。要想记录，只能书写在竹简上，既费时又费力，携带也不方便。同时也没有印刷术，书籍难以广泛地流传。

在这种情况下，如果有人想要学习知识，该怎么做呢？

当然这对于某些人来说，是很容易的。如果家中就有一位博学之士，在家学学就行了。

在那个交通不便的时代，博学之士的家族中，子孙有着得天独厚的优势。小孩从小就能接触到家族中的知识渊博之士，先人一步开始学习。古时，各类工艺技巧都能累世相传数十乃至百年，更何况士大夫阶层的学术传承？子承父业成为常态，世世代代垄断了知识传播，知识垄断阶层也就产生了。子承父业的学术传承后来逐步演变为家学传统，或者叫家法。

而对于更多的普通人来说，学习知识就比较困难了。自学是不那么现实的，因为书可不是那么好找的。比较可行的还是拜师学艺。

一个人带上包袱和学费，出去找个老

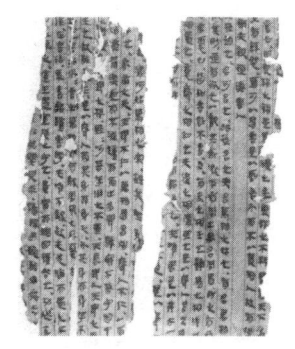

帛书《老子》
湖南长沙马王堆一号汉墓出土，其抄写年代当在汉高祖卒年之前。这是《老子》最早的手抄本，现藏于湖南省博物馆

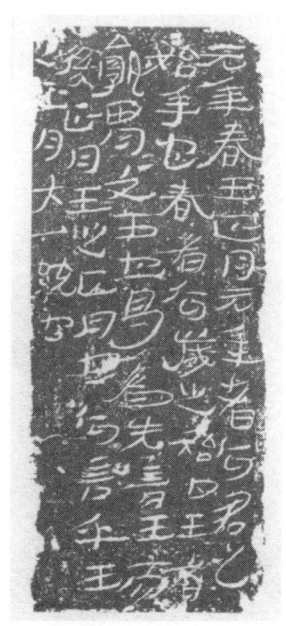

东汉《公羊传》砖刻拓本
《公羊传》最初只是口说流传，直至西汉景帝时才记录在竹帛上，之后又有砖刻本出现

一 政治儒学之书

师,做个门徒,倾听老师的口头传授。你会发现和你一起学习的,自然少不了老师的儿子,而且还有不少前来求学的人也会带上自己的亲朋好友一同求学。大家相聚一堂,跟随老师,知识就这样在口耳相传中传播继承。

当你学有所成,想要广纳百家之长,在老师所授的基础上有所改进时,可能会遭到阻力:"对不起,师法,不得更改。"求学不易,创新也不易。的确,一家有一家之说,选择了一家之学就要严守师法。师法的产生,在最初可能是由于交通不便,学术交流困难,想采纳别家学说也不容易,自然就形成了各自的学术流派。而后来则更多的是为了保持自家学术的纯正性,才特意强调师法。在后代经学传承中,更是走向了极端,要求弟子所学一字都不能有出入。

古时,无师便无学。每一个学者都会有自己的师承关系,每一门

孔子讲学图

孔子开办私学,打破了官府对于学术的垄断,将自己的思想、学识传播于平民阶层。其弟子先后达3000多人,身通六艺者70余人

学问都会形成传承谱系。《公羊传》自然也不例外。

《公羊传》最初是口授流传下来的。最初是师徒相传，公羊高之后便是父子相传。据《公羊解诂》徐彦疏引戴宏说："子夏传与公羊高，高传与其子平，平传与其子地，地传与其子敢，敢传与其子寿。至汉景帝时，寿及其弟子齐人胡毋子都着于竹帛。"可见，公羊学最早可以追溯到子夏。子夏是孔子的学生，孔子作《春秋》并传授给子夏。齐国人公羊高受《春秋》于子夏，依据师说，有所侧重地进一步发挥。

经过几代相传，各方面条件成熟了，记录手段也进步了，到了汉景帝时，公羊寿和其弟子胡毋子都（名生）把所传之学记录在竹帛上，成为了一部真正的书。

在整个过程中，公羊氏家族经历五代传承，为公羊学的创立做出了不可磨灭的贡献。所以用"公羊"来命名该书也是理所应当的。至于作者，由于这是众多学人历经几代共同创作的成果，很难确定，但似乎将定稿人公羊寿、胡毋子都题为作者更合理一些。

时至今日，在公羊氏的宗祠中仍然可以见到门联："圣门列高弟，贤裔成春秋。"上联指战国时齐国名儒公羊高，为子夏高弟；下联指公羊高玄孙公羊寿。

小知识◎曲礼一篇无母狗，春秋三传有公羊

清初苏州有一个叫韩慕庐的秀才，在某家私塾当先生。这家主人虽然识字不多，但却喜欢卖弄、炫耀自己的学问。有一天，这家的主人替韩慕庐教学生读《礼记》中的《曲礼》一篇时，竟将"临财毋苟得"一句，读成了"临财母狗得"。

此时正巧一位饱学之士由学堂窗前经过，错以为是韩慕庐读的，感到好笑，就在窗外高声诵出"曲礼一篇无母狗"借以嘲笑。坐在堂下的韩慕庐一听，知道是冲他来的，于是立即应声对出"春秋三传有公羊"。那人听后，方知韩慕庐先生不是凡俗之辈，于是登门求见。二人见面一谈，才知念"母狗"者不是韩慕庐。"曲礼一篇无母狗，春秋三传有公羊"之联，堪称妙对。

2."外王"之学
——关注政治

自宋代以来，人们往往用"内圣外王"来解说儒家思想。但这一句话却是来自于道家典籍《庄子·天下》。它所表达的是什么意思？

在日常生活中，我们怎么来评价一个人？一般，我们可能会看这个人的几个方面：外表、品德、学识、成就等。概括起来，可以分为个人自身的能力素质、在社会中取得的功业成就两大方面。

"内圣"和"外王"正是对应的这两方面。"内圣"是人格理想，指人的内在修养，能够成为道德高尚的圣人。"外王"是政治理想，指人建立起外在的王道功业，致力于维护社会稳定、国家太平。"内圣外王"是儒家所追求的最高境界。

历代儒学都脱离不了"内圣外王"，只是侧重点有所不同。大致可以分为两种路线：一是强调通过自身内在的道德修养，使得个人成为圣贤之人，从而最终保障社会和谐，这是从内到外的路径。如心性之学，尤其是宋明理学，选择的就是这一路径。二是正

"内圣外王"的标杆人物之一——曾国藩

曾国藩,晚清名臣,湘军创立者和统帅。曾国藩在修身齐家、完善道德修养的同时,也创立了治国平天下的功业,是真正实现"内圣外王"的人物之一

好相反,从外到内的路径,依照王道建立起外在的制度规范,约束个人行为,提高个人道德水平。

《公羊传》所传之学走的是第二条路径,侧重于"外王"之学,所关注的是国家社会政治。《公羊传》是对《春秋》的注解,自然脱离不了《春秋》所关注的政治。

《春秋》所记载的是一派乱象,而《公羊传》形成的战国、秦汉时期也是黑暗痛苦的时代。在这期间,旧有的制度已经不能维护社会秩序,而新的制度又没有完全建立。人们的行为没有规范约束,个人凭冲动欲望行事,国家靠暴力强权统治,杀戮、战争、篡权是必然的。在这样的乱世中,长期的煎熬让人发狂。有人选择避世隐居,如老子、庄子等隐士;有人选择树立希望,如孔子。

孔子一生不得重用,却一心要为世人设立一整套完善美好的礼法,为身处黑暗中的人们点燃了希望之灯。公羊学者常说孔子为万世立法,"天不生仲尼,万古如长夜"。

《春秋》一书,我们现在看来,都会认定是史书,是编年体史书。但是历史上,《春秋》就不是简简单单的史书了。它一直被认为是儒家经书,是孔子所编写的。孔子不会简简单单只是记录历史事实的,肯定有他的思想寄托在其中。这一点是历代学者所坚信的。

孔子作《春秋》就是要在批判纷乱衰败的历史现实中,建立起儒家的王道理想。庄子说:"《春秋》经世,先王之志。"这个"先王之志"具体是什么,《公羊传》做出了十分详细的解说。

公羊之学的建立和发展,对中国的政治礼法制度起了重大作用。我们所熟知的嫡长子继承法、大一统思想,乃至近代以来西方进化论的传播,都离不开《公羊传》。

3. 新的解经方式
——设问作答

"好了,今天我们开始讲解《春秋》。先看卷一,'元年,春,王正月'。"

"先生,写成'元年'是什么意思?"

"元年嘛,就是国君继位开始的第一年。"

"那么,为什么要写'春'?"

"写'春',表明这是一年的开始。"

汉朝初期的一间学堂内,众多学生围坐在先生周围,共同讨论着《春秋》。

几千年来,一代代人重复着同样的问题、同样的回答。他们所坚守的是自己一派的解说。直到今天,我们翻开《公羊传》,仍然能够依稀看到这种场景。

汉代讲经、传经画像石
汉代是我国古代教育发展和繁荣的黄金时代，不仅官学教育体制完备，私学也很发达。该画像石表现的是讲经授学的场面

> 元年者何？君之始年也。
> 春者何？岁之始也。
> 王者孰谓？谓文王也。
> 曷为先言王而后言正月？王正月也。
> 何言乎王正月？大一统也。

　　这是全书开篇第一卷，对《春秋》"元年，春，王正月"的解说。
　　最先以口耳相传形式存在的《公羊传》，直到汉代才记录在竹帛上。它在成为文字形式后仍然保留着最初口授的形式，以一问一答的形式展开解说。可以说，《公羊传》就是历代师徒讲解《春秋》的记录。
　　解释一部经典，我们往往会从解释字、词开始，再解释整个篇章，归纳总结它所体现出的思想。但注解《春秋》却不能走这一路径。

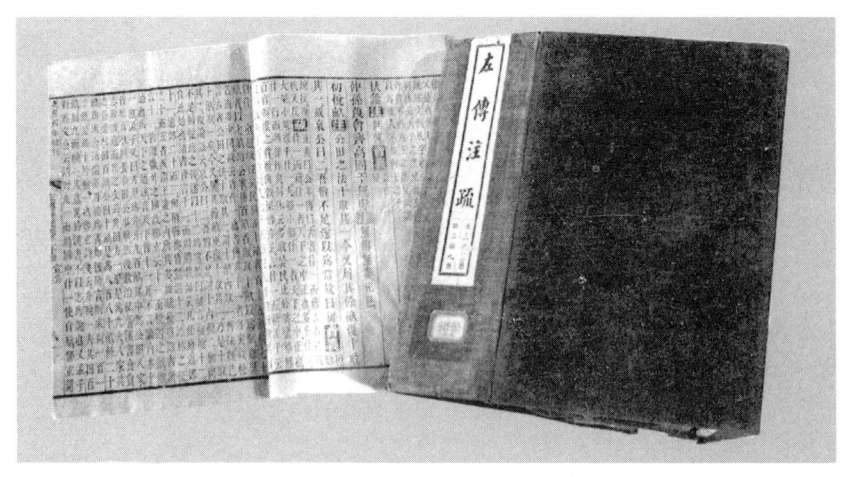

《左传》
十三经之一，是解释《春秋》的三传之一。《左传》侧重于解释历史事实，记载的史实更为翔实

　　《春秋》经文，短小简练，只是按年份记载下这一年值得记录的事件。今天看来，每条只是一个词组或一句短语而已，很像是现在"日刊""日报"头版头条的新闻标题。

　　对这类新闻标题性质的经文进行注解，类似于作命题作文。

　　可以写成类似记叙文的形式，如《左传》。《左传》重在描述历史事实，把《春秋》经中一句话标题事件具体化，把事件的来龙去脉、具体过程说清楚。用现代观念来说，这是以实证的方法来解释，真实记录当时的现场。所以，《左传》在现代被看作是编年体史书。

　　也可以写成类似议论文的形式，如《公羊传》。对《春秋》经中所记载的史实进行议论，重在阐述微言大义。按这一路径，所要关心的就是字面背后的深意，对关键字做详细解释，最终归纳总结出《春秋》

"斯文在兹"匾额
孔庙匾额之一,为光绪元年(1875年)光绪皇帝御书,指世间所有文化源于儒学创始人孔子

所要表达的意思,而对事件过程则不需要那么重视了。

《春秋》经文字字句句经过斟酌,把握了恰当的分寸尺度,并做出是非判断。这是后人难以企及的,也是后人最难理解之处。所以历代学生在学习中,都会对关键字、词提出疑问:如,同样是死,为什么这里用"薨",那里却用"卒"?……解答这些疑问就能了解《春秋》大义。在《公羊传》中,大量的都是对这一类关键字、词的问答。

《公羊传》虽是传自孔子弟子子夏,但它所记载的解答,并不是孔子的言论,只是后人推测的孔子之意。在注解经文的过程中,要把自己放在圣人的位置,将心比心,来体会圣人之意。所以注解经文,也就是"代圣人立言",写出圣人想说却还没有说出来的部分。作为这一传统的延续,明清时期八股文的写作也是采用这一要求。

小知识◎素王孔子

孔子在历史上以多种面貌出现。从圣人、至圣先师到教育家、哲学家等，反映出不同时代的认识。

汉代，孔子被冠以"素王"称谓。

孔子一生都不得志，最风光的时候也只是在鲁国做了几天的司寇（管刑罚的）以及代国相，并不是真正号令天下的政治权威，哪里来的王的称号？

素王之素，就是指有名无实。说白了，就是后代学者所追赠的。

孔子在做着王者之事，其说教功效足以"当圣王"。公羊学认为孔子把心志寄托在了《春秋》中，作《春秋》是代王者立法，故称孔子为素王。

然而两汉是谶纬盛行的时代，素王孔子也带上了神话色彩。

孔子母亲睡时，梦见黑帝邀请，便与黑帝相交，生下了孔子。孔子出生之夜，有二苍龙自天而下，有二神女擎赤雾于空中来给母亲颜徵沐浴。他的头像屋宇之反，中低而四方高。身长九尺六寸，人皆称他为长人。他的胸前有"制作定，世符运"六字之文。他坐如蹲龙，立如牵羊；海口，牛唇，虎掌，龟脊，辅喉，骈齿，面如蒙倛。

这个还是孔子吗？其实在正史中，历代开国帝王都记载着类似的传说。例如，汉高祖刘邦也是母亲和神相交所生，他也是相貌非凡，一张方脸，鼻梁高耸，上额突出。看来，这种异象是得之于天，是标准的帝王之相。

但是，素王只是民间学者所封。几百上千年后，孔子才真正获得来自朝廷的封号——西汉封其"褒成宣尼公"，是为初始，此后历代皆有分封，至唐玄宗李隆基时，封其"文宣王"。此"王"非皇帝之下的"王"，而是周武王、周成王之"王"，地位非同一般。

◎西狩获麟

鲁哀公十四年（前481年）的春天，鲁国叔孙氏的仆从钼商打猎时，捕获到一只怪兽，类似于獐，头上却长有角。大家都认为是不祥之兆。

时年71岁的孔子看了之后，却掩面大哭道："这是麟啊！它为什么来啊！它为什么来啊！"等到孔子哭够了，就记录下"十有四年，春，西狩获麟"这几个字。之后，孔子断然决定不再继续写下去，《春秋》也就终止了。

西狩获麟，绝笔《春秋》，是儒家学者所认定的大事。

孔子为什么要哭？麒麟不是中国原有的兽类，只有当王道盛行之时，它才会出现。而当时天下无道，麒麟出现不是时候，且被最不该获得的人猎获，孔子因而伤感。

当然，物极必反。《春秋》以乱极而终，麒麟的出现表明世人对于治世的期盼，王道将会再次到来。

二 阐释『春秋笔法』

春秋笔法,一字即寓褒贬。褒贬表现了孔子对于历史事件的看法。《公羊传》着力于阐释春秋笔法,来揭示文字背后的深意。

1. 索隐派
——探寻文字背后的意义

作为一部解说《春秋》的著作，《公羊传》需要从短短有限的《春秋》文字中寻找出新的话题。《左传》以记载事件具体发展过程为重点，《公羊传》则不同，选择了索隐手法。

所谓索隐，就是探求隐微奥秘的道理。作为一种文本解读手法，它被广泛使用。典型的如《红楼梦》索隐派，他们把《红楼梦》中的故事隐喻历史上的真事，把《红楼梦》中的人物影射为历史上的某一真人。如此，寻找到《红楼梦》背后未曾明说的内容。

董仲舒曾说过："《春秋》之好微与，其贵志也。"《春秋》一书之所以"微"，是出于那些本来明白清楚的"事"，人们认为字里行间带有孔子所要提倡的"义法"和"王心"。《三国演义》中写到关公喜读《春秋》，而且常常会在院中秉烛夜读《春秋》。为什么会有这一细节的描写？描写读《春秋》的情节是表现关公的忠义，也就是《春秋》中所提倡的大义。关公之义，源于"春秋大义"。

那我们就看看《公羊传》是如何来索隐的。

蔡元培与其著作《石头记索隐》

《石头记索隐》，蔡元培著，出版于民国6年（1917年），是旧红学索隐派中影响深远的一部代表作。其采用索隐方法，将小说与史实进行比附

方式一：同中显异，异中求同

同一件事用同样的文字记载，表达出同样的意义，这是大家所普遍容易理解接受的。但是在《春秋》中，文字的记载就没那么简单了。《公羊传》的索隐方式之一，就是在相同的文字中探索其所表现出的不同意义，在不同的文字表述中寻找其相同之处。

举例来说明。僖公二十八年："天王狩于河阳。"桓公四年："春正月，公狩于郎。"《春秋》经文在这两处都用一个"狩"字，但这是同样的狩猎活动吗？来看《公羊传》的解说。

对前一处记载，解说道："狩不书，此何以书？不与再致天子也。"按照惯例，一般情况下天子外出狩猎是不记录的。但是这一次却记载下来，就不是一般的外出狩猎了，是因为实际的情况是霸主晋文公召见周天子。

据记载，鲁僖公二十八年（前632年），晋文公率领晋、齐、秦等国军队打败楚、陈、蔡三国联军，取得城濮之战的胜利。之后便会合天下诸侯，举行"践土之盟"，接着又举行"温之会"。为了使自己的霸主地位合法化，特招来周天子。当时周室已衰落不堪，周天子的王位还是靠晋才夺回来的，所以周天子奉命赶来。

从《春秋》记载文字中看，是周天子到晋国的河阳狩猎，晋文公立即赶往河阳周王的行宫谒见。一幅周天子气宇轩昂、君临天下，诸侯臣民战战兢兢、顶礼膜拜的图画呈现在大家面前。而文字的背后，却是作为傀儡的周天子被招之即来挥之即去，早已丧失了天下共主的天子威严。一次召见周天子已是大不敬，大大违背了礼仪制度，更何况晋文公是两次召见周天子。一而再地破坏礼仪制度，这种做法《春秋》是极力反对的，所以记为"狩"。作为避讳，同时也表明尊王的态度，为后世之鉴。

后世也的确以《春秋》为鉴了，当天子被迫离开京城，逃往某地时，史书上便会记载"狩于某地"，以保皇室脸面。如1900年八国联军入北京城，光绪帝和慈禧也有过西狩西安的经历。其实就是逃亡，一路风餐露宿，哪有天子外出巡狩的风光场面。

而后一处，《公羊传》解说："狩者何？田狩也，春曰苗，秋曰蒐，冬曰狩。常事不书，此何以书？讥。何讥尔？远也。诸侯曷为必田狩？一曰干豆，二曰宾客，三曰充君之庖。"这一次是真实的狩猎，记载鲁桓公外出狩猎。

诸侯外出狩猎，所抓获的猎物有三种用途：一是用于祭祀宗庙，二是用于宴请宾客，三是充实君王的厨房。按礼诸侯只能在近郊狩猎，但这次鲁桓公辛辛苦苦跑到很远的地方去狩猎，就违背礼仪制度了，

觚

青铜酒器,盛行于商代和西周初期,喇叭形口,细腰,高圈足。孔子曾言:"觚不觚,觚哉!觚哉!"感叹当时事物名不副实,主张"正名"

也是没有必要的。所以记载中就带有讥讽色彩。

方式二:因名探实,据实思名

名副其实,当然是最好的。但在现实中,名不副实的现象也时有发生,尤其在大变革的春秋时期。儒家强调"正名",正名分,正责任。名实相符,明确自己的身份,做自己应该做的事,而不是不顾名分,胡乱行动。后世公羊学者总结了《春秋》有七缺,包含为夫之道缺、为妇之道缺、为君之道缺、为臣之道缺、为父之道缺、为子之道缺、周公之礼缺。七缺其实就是名实不符导致的伦理秩序的缺失。

《春秋》在记载中也会通过名实关系,隐晦地表达是非判断。

昭公十九年:"夏,五月,戊辰,许世子止弑其君买。……冬,葬许悼公。"又是春秋时期最为常见的弑君事件和之后的葬君活动。

但真的就是这么简单吗？来看《公羊传》的解释。

许悼公在夏天被弑后，一直到冬天才进行安葬。一般情况下，国君被杀却没有讨伐弑君的罪人，就先安葬了，是不合礼仪制度的，《春秋》是不记载的，用以表明国内大臣的无能，无法为君报仇。而此次却正儿八经地记载"葬"，究其原因，是前面的弑君不是真正的弑君行为。

许悼公病重期间，世子止端了碗药给父亲喝。但谁想到他父亲喝了以后就死了。世子止就成了弑君之人。《春秋》也用"弑"为世子止的行为定了性。

这样的事就有些蹊跷了。按照一般的故事发展逻辑，大家都可能会有怀疑：是不是世子止为夺取国君之位，毒害了自己的父亲？

但是这一次，的确是意外。

世子止本是要照料病重的父亲，是出于孝心的行为。而父亲喝药之后的意外死亡是谁都不愿意看到的。可以算作是好心办坏事。所以《春秋》又用了"葬"来饶恕了世子止的罪行。

世子止虽有弑君之名，却无弑君之实。一"弑"一"葬"，可见尊君和尊父的宗法伦理原则。

方式三：书见不书，不书见书

我们现代人写书会有前后呼应，构造出缜密的体系。《春秋》是一本完整的书，自然也不例外。考虑到这一点，解经如果不前后参照、互相比对，立足于整体布局来理解每一具体事件，就无法把握《春秋》的全部大义。

隐公十年："六月壬戌，公败宋师于菅。辛未，取郜；辛巳，取防。"

我们读到这里，必定会觉得十分平常。那《公羊传》又会分析出什么深意？

这一次从记录日期入手。按一般惯例，夺取城池是不记录日期的。那么为什么这里要记载日期呢？因为在一个月内，鲁国接连夺取了两个城池。记录日期是表明《春秋》的态度：这种做法太过分了。

到此，有人会更疑惑了：攻城略地，扩张领土，对于国家而言是好事，对于希望建功立业的大臣而言更是求之不得的，《春秋》怎么反而要批评？

《春秋》重视动机，评判事实总是要参考一下做事的动机。鲁国因攻打宋国得胜，起了贪念，就接连夺取两个城池，而忘了打这场战争的初衷，即宋国国君不按规定朝见周天子，郑国、鲁国等是奉天子之命讨伐宋国，维护周天子尊严。在战争中，郑国能战胜宋国而不贪图宋国领土，而鲁国却贪图城池。这一比较，两国高下可见。《春秋》因此讥讽鲁国。

"取邑不日"是常例，"书日"则是一个具体个案。不合乎常例，便是有深意。《春秋》的褒贬之法就在书与不书之间。

《春秋》笔法难以捉摸，后人若是没有《公羊传》的这般索隐，真正能够体会的又有几人？

小知识◎信义为盟

　　春秋之时，诸侯间会盟甚多。同盟者同欲，为相同的目标而结盟，如此会盟才会牢固，才有实效。

　　鲁庄公十三年（前681年），齐桓公在多次的会盟后，已经确立了春秋第一霸主的地位。

这一年,齐桓公与交战多年的鲁国要在柯会盟。因鲁桓公被齐襄公所杀,齐、鲁两国经历了长年的战争,鲁国是胜少败多。此次会盟是要解决争端。

会前,鲁庄公面有难色,父仇未报,但齐国强大,又不得不和齐国结盟。其手下大臣曹子知道鲁庄公之意,进言道:"那么在盟会上,就由君上来对抗齐君,我来对抗齐国大臣吧。"君臣约定了计划,便前去会盟。

当时各国诸侯订立盟约,是在设立的会盟台上进行的。会盟时要确立各个会盟诸侯的先后次序,一般按照各国的爵位,按公、侯、伯、子、男的顺序确定。

齐桓公为主盟。鲁庄公要登坛,却不敢胁迫齐桓公。曹子就随同鲁庄公一同登上坛,手持剑威胁齐桓公。齐桓公大惊。管仲见状,上前问道:"贵国有什么要求?"曹子答道:"齐国屡次侵犯鲁国。希望能够归还汶阳这个地方,恢复鲁国之地。"管仲不等齐桓公回答,便一口答应了。齐桓公也无奈答应。

齐、鲁两国国君下坛进行"歃血为盟"的仪式。首先用牛祭祀天地神灵,随后将牛的耳朵割下取血,并将牛耳放在珠盘上,用玉敦来盛血。由主盟者执盘,当时便称主盟者为"执牛耳"。

主盟者率先将牛血涂在口上,与盟者接着相继将牛血涂在口上。这就是歃血,表示彼此之间有天地神灵为鉴,要坚守盟约,要言而有信。倘若有违约者,必将遭受神灵的惩罚,最终将像牛一样被杀死。最后用血写盟书,结成同盟。

仪式结束，齐、鲁结盟。曹子放下剑，与鲁庄公离去。

类似于这种一方要挟另一方而确立的盟约，一般受要挟的一方都会违背的，但齐桓公却不毁约；曹子本人也应该被仇视的，但齐桓公却不怨恨他。可见齐桓公是以信义来会盟的。

会盟是要讲信用的，为了共同的目的来协商并结盟。否则，即使天天会盟，也毫无益处。自此次柯之盟之后，齐桓公的信义名满天下。所以齐桓公能成为春秋第一霸，也不是没有理由的。

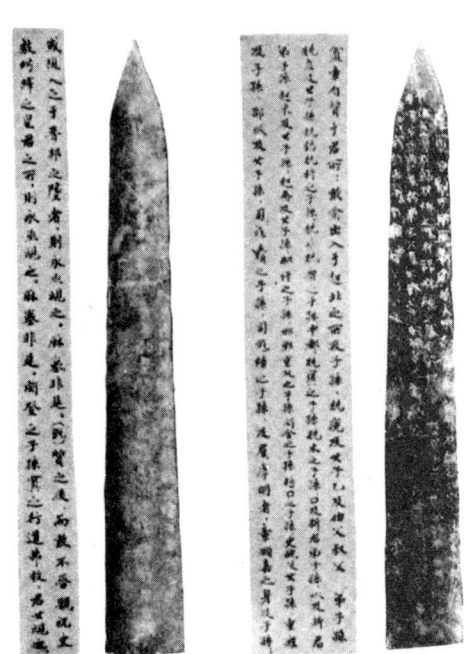

侯马盟书
1965年，山西侯马晋国遗址出土了大量盟誓辞文玉石片，称为"侯马盟书"。文书内容是反映韩、赵、魏三家分晋前夕，赵鞅同卿大夫间举行盟誓时订立的盟约。盟书一式两份，一份藏于盟府，一份埋于地下或沉在河底，以取信于鬼神

2. 批判者
——"讥贬绝诛"各不同

"孔子成《春秋》而乱臣贼子惧。"既然称为乱臣贼子,必定是极大地违背和破坏了礼仪制度,能让他们感到害怕的也就是世间人们的评论。

"贬"是《春秋》的一大特色。宋代儒家学者孙复甚至以为《春秋》"有贬无褒"。这种说法显然是有些片面过头,但不可否认《春秋》中大量文字都带有贬的色彩。正是因为当时有许多不合礼仪制度的行为,孔子才以贬斥的态度将它记载下来。

但这不是绝对的。《公羊传》讲道:"《春秋》录内而略外,于外,大恶书,小恶不书;于内,大恶讳,小恶书。"内外异辞,以鲁国为内,其他国为外。内外是有不同的记载原则的,对外国,记录大的恶行,忽略小的恶行;对鲁国,却是对大的恶行有所避讳,小的恶行才记录下来。

根据人物、事件的罪恶大小、内外关系,出现了刺、讥、贬、绝、诛等说法,给予不同程度的批判。

春秋时期的木俑
早期贵族死后，用真人、真马殉葬。春秋时期开始逐渐采用木俑、泥俑陪葬，以代替真人

刺、讥是程度最轻的，相当于现在一般的讽刺。那么有哪些行为是被刺、讥的？一般就是对于贪小便宜、随意破坏礼仪制度的用刺、讥。

比如贪求财物礼品。隐公"三年秋，武氏子来求赙"。赙，是指帮助办理丧礼所赠送的财物。在这一年三月，周平王驾崩。周天子的葬礼十分烦琐。诸侯要前去吊唁，并送上相应的财物协助办理丧事。大概是这一次周王室觉得鲁国所上贡的东西不够，事后周王室又派人前去讨要财物了。该尽的义务，鲁国已经尽了，再次索要财物就是无理要求了。在生活中，我们遇到这样的人还不大骂他贪得无厌？更何况是周王室，这哪还有半点周王室的气魄？所以《公羊传》用"讥"来认定这种贪心行为。

对罪恶程度要深一些的则用贬。对某些罪恶深重者，更是一贬再贬。

隐公十年："夏，翬帅师会齐人、郑人伐宋。"翬是鲁国的公子，和隐公有着亲缘关系。按惯例应该尊称为公子翬，但每一次提到他只是称名字，就是贬称。这是为什么？鲁隐公的死和公子翬是脱不了干系的。在公子翬唆使下，桓公最终"弑"了隐公，犯了弑君之罪。鲁隐公正想着把君权交给弟弟，自己去安度晚年，可平地里飞来横祸死于非命，野心家公子翬却顺利地要到了自己想要的东西——权力。对此，孔子在《春秋》里用贬称来指责公子翬。

最为严厉的就是绝、诛，是对罪大恶极者的批判。绝是断绝爵位，诛是诛杀生命。一是从声誉上，一是从肉体上。虽说《春秋》并没有真正的生杀大权，不可能真正去诛杀某人，但记录在书，传之后人，使他受后人谴责。这种威慑力还是不小的。

昭公十一年："冬，十有一月，丁酉，楚师灭蔡。执蔡世子有以归，用之。"同样来看看《公羊传》的解说。

楚国所抓获的是蔡国国君，名叫有，虽说他继位还不满一年，但也算是国君，不该被称为蔡世子。《春秋》记载中存在名实不相符的情况，那肯定是有深意的。

这要追溯到他父亲蔡灵公。蔡灵公的继位可谓是名不正、言不顺。蔡灵公诛杀自己的父亲，此是弑君弑父行为。再加上他是自立为国君，并没有得到他父亲的任命（他父亲也不可能命他继任国君），缺少继位的合法性。如此一来，连他的世子继位也成为不合法的。犯了弑父弑君之罪的都是当诛之人。蔡灵公应该是早就被诛杀的，也就不可能有儿子，所以世子有按道理也是早已不存在的了。但事实并非遂人所愿，只能在记录中体现。

鲁隐公观鱼台
位于山东省鱼台县张黄镇武台村西，是春秋时期棠邑治所。鲁隐公五年（前718年）春，隐公听闻棠邑鱼大且多，不顾大臣劝阻，前往观看捕鱼。按当时礼法，打鱼是贱业，身为诸侯王去看这个热闹，是大大的掉价儿，"非礼也"，何况还是不远万里跑到边境去看热闹，所以《公羊传》曰："春，公观鱼于棠。何以书？讥。何讥尔？远也。"

除了以上几类，还有一类更加隐晦的批评。

《公羊传》以为《春秋》有"为尊者讳""为亲者讳""为贤者讳"。讳，在我们看来是替别人遮掩过失，但在《公羊传》看来仍然是一种更为隐晦的批判讥讽。

清代公羊学家孔广森曾说过："尊者有过，是不敢讥。亲者有过，是不可讥。贤者有过，是不忍讥。爱变其文而为之讳，讳犹讥也。"地位高的人有过失，人们一般是不敢讥讽；亲人有过失，出于人伦要求，是不可以讥讽的；贤能之人有过失，出于对他的尊重敬仰，是不忍心去讥讽。在这些情况下，该怎么做？只好改变文字，替他们避讳。但如此便名实不相符，仍然可算作委婉的讥讽。

如前面曾提到周天子奉诸侯之命外出，则记作"狩于某地"。但凡知道实情的，就知道这是名不副实的狩猎。《春秋》为周天子避讳，但后人仍然可知是在讥讽周天子。

又如襄公七年："郑伯髡原如会，未见诸侯，丙戌，卒于操。"

看《春秋》的记载，大家都会以为郑伯是自然而然地死亡了，但事实上郑伯是被自己的大夫所弑。如此记载是为中国（当时的中原诸侯国）避讳。中国是文明之邦，是应该守礼重义的，但却在郑国国丧期间，本不该讨伐的时候来讨伐郑国，而且实力也不及蛮夷之国的楚国。中原各国既无信义，又无实力，所以郑国大夫希望郑国能够投靠楚国。而郑伯却因为楚国毕竟是夷狄，不愿意投靠，因此被大臣们所弑。一个"卒"虽是避讳，但也可见讥讽在内。

诸如此类，避讳在《公羊传》看来都带有隐晦的讥讽之意。后人也都仿照进行避讳，却演变成只是纯粹为了遮掩过失，丧失了原有的讥讽之意。

小知识◎避讳

在生活中，我们会有各种避讳。避讳的历史源远流长。"春秋为尊者讳，为亲者讳，为贤者讳。"这是指要回避、隐去其缺点、过失或劣迹，但后来也逐渐成为避讳的原则了。在写作和说话时，谈及地位高的人、自己的长辈、尊崇的圣贤之人时，都要有所注意。

避讳，一是出于重礼尊上。作为下属、晚辈，要尊敬长官、长辈，不可议论长官、长辈的是非对错。从回避对长官、长辈的错误行为，逐渐发展出避讳长官、长辈的姓名。例如，唐太宗名李世民，时文于"世""民"皆不可书此君讳也；司马光父名池，他作《传家集》将宋人"韩持国"易为"韩秉国"，此家讳也。如今，避讳仍然存在，某些人对于某些字、词尽量不提，以防止恶运落在自己身上。如失火说成走水；靠出海捕鱼为生的渔民因为忌讳翻船而不提"翻"字，连吃鱼时也不会翻面。

生活中的许多避讳已经成为我们的习俗。避讳是人际交往准则，但盲目避讳，自然也不是明智之举。避讳的关键，还是在于是否出于内心的尊重和敬意。

3. "为新王制义"的经世取向

历来做学问不外乎两种目的。一是为学问而学问，也就是做学问只是为了达到知识的完备，不关心知识的实际用途。典型的如法国曾提出的"为艺术而艺术"的口号。二是为解决实际问题而做学问，也就是研究要能够运用于实际中，知识能够经世致用。公羊学选择的正是后一种路径。

"君子曷为为《春秋》？拨乱世，反诸正，莫近诸《春秋》。"

《春秋》的写作目的是什么？《春秋》记录下春秋时期的纷乱现象，希望后代能够以此为鉴，改变乱世，转变为治世。拨乱反正之说就是源于此。《公羊传》将这样一种切实的目的更加具体化，力求服务于现实社会和政治。

乱世是春秋时期的主基调，淫乱之事、制度破坏之事不绝于书。开始是"礼乐征伐从诸侯出"，接着是"陪臣执国命"，然后是"政在大夫"，乃至"夷狄主中国"。面对这些乱象，仅仅靠失望是无法解决问题的。《公羊传》解经，开始对有损社会秩序、国家兴亡和人格形象的各种行为做出批判。"因罪恶大小，讥讽贬绝诛"，严格确

钺
钺是一种古代兵器,青铜或铁制成,形状像板斧而较大,安装木柄,持以砍斫,也是象征军权的仪仗

立"贬义"。

  但仅仅有批判仍是不够的。破坏容易,建设难。谁都能找到不足,进行批判,而能够提出建设性建议的能有几人?《公羊传》就是其中之一。

  《公羊传》通过对春秋时期史实的记载评论,批判乱象,其目的是为天下树立王道,为个人塑造可供借鉴的贤者形象。

  《公羊传》论及各类贤者,其中尤其是"让国"贤人较多,有鲁隐公、卫叔武、吴季子、曹公子喜、邾娄叔术等。另有"行义"的宋孔父,有"知权能变"的郑祭仲、秦穆公,有"服罪"的纪季,有"复仇"的齐襄公,有"不畏强御"的宋仇牧,有"不食其言"的晋荀息,有"继绝存亡"且"著信于世"的齐桓公等。

《公羊传》建立起一套自己的评判标准体系。它树立这些贤人的标准，和后代许多人的标准并不一样。许多在其他儒家学者和我们现代人看来，算不上贤人，如齐襄公。《公羊传》所赞赏的是能够复九世之前的仇，而这一行为在我们看来是多么地疯狂。

此外，《公羊传》所解释的，更多的是政治上的大义，为王道设想了各类制度，如大一统、别夷夏、嫡长子继承等，直接用来指导政治实践。这些理想并不是空谈。"制《春秋》之义以俟后圣"。后世政治治理，确立政治合法性等政治、社会问题，很多都仿照着在实行。尤其在汉代，有许许多多公羊学者参与政治，全力推动实现《公羊传》理想。如公羊大师董仲舒言灾异差点丧失性命，而眭弘更是直接为宣传《春秋》大义而献身。

《公羊传》一开始谈论文王，最终结束于尧舜，从而为整本书确定了基调。孟子曾言："五百年必有王者兴。"经历了长久的动乱，必定会有一代圣王出现，整治天下，实施王道政治。那么《公羊传》所确立的制度是最应该被采纳的。即便所设想王道当下不能实现，也坚信后代圣王必定能效法实施。这带有一定的预言性质，但也体现了责任感。

小知识◎不畏强御的仇牧

　　仇牧，宋国大夫。

　　鲁庄公十二年（前682年），秋，宋国，一场弑君屠杀正在进行。

　　主谋是宋万。宋万原是宋国的士，在一次战斗中被鲁庄公俘虏。不知何故,鲁庄公并没有为难他,只是把他带回,任其居住在宫中。几个月后,就放宋万回国了。宋万对鲁庄公是感恩戴德了。

回国后的宋万升级为大夫。这一天,宋万和宋国国君宋闵公正在进行搏斗的游戏,周边有许多妇女围观。这时,宋万开始揭宋闵公的短了:"鲁公真是好啊!天底下真正可以做国君的,也就只有鲁公了。"宋闵公一听这话,就不高兴了。这么多女子都听到了,多没面子啊。他反驳道:"他是个俘虏,被鲁公俘虏了才这样说的。鲁公真的有这么好?"

这下,宋万火冒三丈,真的开始打斗,折断了宋闵公的脖子。这玩笑可真是开大了。弑君!一不做二不休,反了。

仇牧出来了。他在门口堵住宋万,手持剑大骂。大战不可避免了。最终还是宋万强悍,打碎了仇牧的脑袋。可怜仇牧,随宋闵公一起被杀。

同时被杀的还有好几位大夫,但唯独仇牧不畏强暴,出来反抗。这一反抗,造就了不畏强御的仇牧。

◎不食其言的荀息

荀息,晋国大夫。

晋献公有子奚齐、卓子,都是骊姬之子。荀息乃是他们的师傅。晋献公宠爱骊姬,就杀了世子申生,改立骊姬之子为世子。当晋献公病重快死之时,托孤给荀息。

晋献公死后,奚齐继位。果然有人开始谋划废立之事。谋划者正是申生的师傅里克。里克和荀息有了这样一段对话:

"先君杀了正统的嫡长子,却立了旁系的幼子为国君。该怎么处理,希望你能想想。"

"先君曾经问过我了。我回答道:如果能让死者反生,生者不愧对自己所说的,这样可以称得上是守信的。"

最终,里克杀死了奚齐、卓子,荀息也殉难了。

荀息坚守了他对于晋献公的承诺,不食其言。

◎义形于色的孔父

孔父,宋国大夫,孔子的六世先祖。

鲁桓公二年(前710年),春,宋国,宋太宰华督谋划要杀害宋殇公。

当时的朝堂中,孔父是有相当实力和影响力的,又极力维护宋殇公的统治。华督认定如果不先除掉孔父,就很难除掉宋殇公,所以就先派人攻击孔父家。宋殇公也知道孔父的重要性,孔父一死,自己便唇亡齿寒。于是就去相救,最终却是不敌,二人均被杀。

孔父是宋国朝廷的主心骨,不畏强权。其内心有大义,外表庄重,让人望之便生敬畏之心,是社稷之臣。《公羊传》评价孔父能义形于色,所以被列为贤人。

◎能变的秦穆公

秦穆公,春秋时霸主之一。

但是秦穆公的称霸历程是曲折的。晋文公死后,秦穆公认为时机已到,想取代晋成为霸主。他不听百里奚、蹇叔劝告,强行要和晋国开战,最终败于崤。后来能够悔改,成为西方霸主。

  对于那些逆耳忠言,一般人都难以接受。而秦穆公作为国君,胸怀宽大,能容别人难容之忠言,改正自己的过失,是很难得的。所以《公羊传》称秦穆公能变。

三 经世治国之义

孔子笔削鲁史,成就万世之法。春秋大义,是经世治国之义,却也是费解难懂之义。《公羊传》以义解《春秋》,为阐释春秋大义打开了一条通路。

1. 大一统
——"元年春王正月"引发的开卷第一义

> 秦王扫六合，虎视何雄哉！
> 挥剑决浮云，诸侯尽西来。
> ——李白《古风·秦王扫六合》

几句诗，尽显秦始皇统一中国之功业。

历代评价秦始皇，大多把他看作是暴君。但对于秦始皇一统六国，建立统一国家的功绩，却没有人会吝惜赞美之辞的。

同样，每一个一统天下的王朝，总是备受后人赞誉。一统观念，在中国人心目中是根深蒂固的。而这是源自于《公羊传》所确立的大一统之义。

翻开《春秋》一书，开篇第一句写道："元年，春，王正月。"这一句，在我们看来，只是普普通通的对时间的记载，是作为编年记事的开始。但在经学家看来，却是经书中极其关键的一句，引发历代经学家的钻研和争辩。《公羊传》也从这一句开始提出了开卷第一义——大一统。

"元年者何？君之始年也。春者何？岁之始也。王者孰谓？谓文王也。曷为先言王而后言正月？王正月也。何言乎王正月？大一统也。"

用"元"来表示第一的意思，这是我们在日常生活中常用的，例如正月常常叫作元月。元年表示国君继位的第一年。

但"元"字，又被儒家赋予了特殊内涵。

我们在思考宇宙根源时，往往会问两个问题：天地万物来自哪里，天地万物从什么时候开始的？这两个问题并不是完全一样的，一个关心来源，一个关心时间，但却都是关心起点。元，表示开始起点。古人不加区分，元就扮演起来源起点和时间起点两种角色。

元不但表明时间空间上的起点，也是世界万物的基础本原，正如《易》所说的"大哉乾元，万物资始"。这样，《春秋》把第一年写

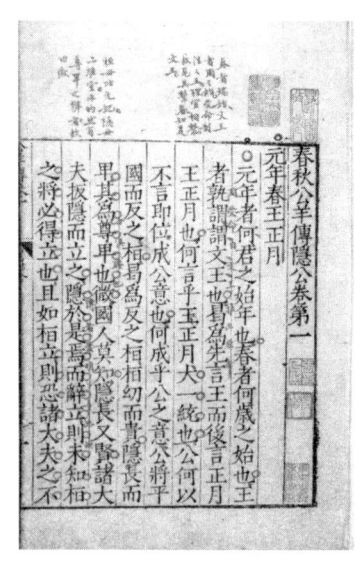

《公羊传》卷一书影
《公羊传》开篇对"元年，春，王正月"作传，引申出"大一统"

成元年，便有了更深的含义了。董仲舒指出，孔子作《春秋》变一为元，是确立起宇宙万物的起始点。

元是天地的开端，春又是四季的开始。人效法天道运行，为社会创立开端。

文中的"王"，根据历史事实来说，指的是当时的周王。所以在历法中正月前加上王，表明来自于周王。每一年年底，周王都会向天下诸侯颁布下一年的历法，表明对天下的主宰。历法中既包含了天道的因素（如四季更替、月亮的圆缺等），又包含了人的因素（如农业生产安排等）。历法的统一可以代表方方面面的统一。

《公羊传》把"王"解释为文王，是将源头引向周文王。人类社会遵循文王之道，建立大一统。大一统是《公羊传》所提出的制度，但假托是周文王所创立的王道制度，更具有说服力。

《公羊传》有所谓"五始"，可以作为总结：元者，天地之始；春者，岁之始；王者，人道之始；正月者，政教之始；即位者，一国之始。《春秋》开篇第一句就包括了天地、年岁、人道、政教的起始，而且又以"元"为首，涵盖了年岁、人道、政教等其他的起始，是众多起始中最为重要的。确立了"元"作为天地万物的开端，上到公侯下到百姓，大到宇宙星辰小到草木鱼虫，都是用"元"来统摄，这就是大一统的理论基础。

"大一统"已是我们所熟知的词了。在我们的用法中，"大"是用来形容"一统"的，就是指完完全全的统一，和"大统一"是同一意思。但在《公羊传》中"大"是推崇的意思，也就是指推崇一统天下，把一统天下看作是最为重要的事业。

一统是由王者来建立的。王者是贯通天地人的，可以通过建立王道政治来统一天下。王者一统天下，需要有武功和文治两方面的结合。

统一文字
秦统一六国文字，实现"书同文"，对文化的发展起了很大作用

  一统天下，首先是建立统一的国家政府，使得所有领土都归于这个政府统治。这是武功方面的一统。但是单单是武力统一造就的帝国是很容易瓦解的，例如西方历史上曾经横跨欧、亚、非的波斯帝国等。然后需要进一步的统一，在礼仪上，在制度上，在文化上，在思想上，方方面面都能够统一，如此建立起具有认同感的统一国家。这是文治上的一统。

  显然，这种大一统并非是春秋战国或者之前时期所存在的，即使如周天子，虽说是天下共主，但是分封诸侯国，在形式上并不是真正的实现一统。《公羊传》大一统思想的实现，是在秦汉。秦始皇武力统一六国，又"车同轨，书同文"，统一车轨，统一文字，统一货币。而之后的汉朝更胜一筹，"独尊儒术"，统一了学术思想，确立国家

民族的认同。大一统为汉朝的统一帝国确立了理论基础,这也是《公羊传》在汉朝能够盛行的重要原因。

大一统不单单是《公羊传》一家之说,它慢慢地渗透入中国人的血液中,已经成为中国人共同的追求。历史上不时出现的战乱分裂,最终都在大一统思想的激励下重新走向统一。分裂者是罪人,而统一者永远是歌颂的对象。

2. 通三统
——新王朝改变制度的原因

古装剧中往往可以看到宣读圣旨的场景："奉天承运，皇帝诏曰……"这一句"奉天承运"经过影视剧和传统戏曲的传播，已经广为熟知。"奉天承运"，遵照上天之命，承接新生的气运。

但如果认为历代圣旨都是以"奉天承运"开头，那就是大错特错了，是被影视剧、戏曲误导了。其实这是明太祖朱元璋首创，首次运用于圣旨中的。但是同时又不能否认，自古以来每个朝代的皇帝都自认为自己的权力来自天，继承了自古延续下来的王道气运，从而确立起自己统治的合法性。

秦始皇统一六国，曾想象着自己为始皇帝，然后二世、三世一直传到万世，自己的王朝可以永世不灭。梦想是美好的，事实是无情的，秦王朝只存在了15年就灰飞烟灭了。何等讽刺！

天命不常在，世上没有不灭的王朝。这已是后来王朝的共识了。天命轮流转，政权也随之而转变，改朝换代就像四季轮回一样，是平常之事。《公羊传》通三统之说就是用以解决朝代更替问题的。

每一个朝代，都是建立在破除前一朝代的基础上。要表明前朝已经被上天所唾弃，天命已经归属于我，必定要建立起新气象，做出新的改动。小到衣服的颜色，大到历法、祭祀制度，在整个礼仪制度上都给人耳目一新的气象。这样做表明本王朝的兴起是受命于天的，而和前朝没有继承关系。

作为中国朝代的典范，夏、商、周三代被认为是这一传统的确立时期。夏有夏统，商有商统，周有周统。

据记载，夏朝将每年农历正月作为一年的开始，平旦寅时（3点～5点）作为一天的开始，衣服推崇青色。殷商将每年农历十二月作为一年的开始，鸡鸣丑时（1点～3点）作为一天的开始，衣服推崇白色。而周朝则将每年农历十一月作为一年的开始，夜半子时（23点～1点）作为一天的开始，衣服推崇红色。上古三代是三次新王道的确立，就有了三统的不同。

三代对于前代的制度都有所损益，改正朔，易服色。之后历次改朝换代都沿袭了这种做法。

正朔，是指一年和一月的开始，是制定历法的关键点。旧时称历书为皇历，盖因历书必由皇帝所颁。相传天子在每年年末颁布下一年的日历，各诸侯都要遵照执行。因而历法成为天下一统、体现皇权的象征。

我们会发现，三代历法的更改，会带来生活上的不便。例如周代，农历十一月是周历正月，此时正是冬季，但周历中却定为春。历法中为春，而实际为冬，这样造成时节混乱。一切都为了要区分自己王道气运的不同，确立自己的正统性，特意造成历法的不同。按这种规则，后面的朝代终会出现以秋为春、以冬为夏的局面，这实际带来很大的不便。所以后代还是采用了和实际最为相符的夏正，后世的帝王也一般只改年号而不改正朔。

直到近代,历法正朔,仍被视作是政权的标志。清末革命党所办报纸多以黄帝纪元,不使用清的正朔,以表明不承认清的合法性。孙中山在民国开国之日宣布使用西历并以民国纪年,足见改朝必改正朔的观念仍然深入人心。

服色,就是朝廷官员衣服的颜色,是礼仪制度中非常重要的一项。我们现代人可能并不在意,但古人认为,服色会关系到王朝命运。

自五德终始之说盛行以来,每个朝代便与五行联系起来。如土尚

五德终始图

五德终始图
五德终始说,战国时期的阴阳家邹衍提出,指木、火、土、金、水五行所代表的五种德性周而复始地循环运转。此学说用来解释历史变迁、皇朝兴衰

黄，则属于土德的王朝应该崇尚黄色；金尚白，则属于金德的王朝应该崇尚白色；水尚黑，则属于水德的王朝应该崇尚黑色；木尚青，则属于木德的王朝应该崇尚青色；火尚赤，则属于火德的王朝应该崇尚红色。这是一个大致的原则，但实际上后来的朝代上承哪一德，总是说不清楚，所以并没有真正确定自己的五德，也就没有完全按照原则来改变服色。不管怎么样，官员制服的改变是改朝换代必不可少的，易服色主要也就成了改变官服样式的方法了。

改朝换代是平常之事，旧王朝总会被新受命的王朝所取代。对于前朝后裔，如何来处置却是个问题。

看看历史上的三代吧。周王继承天命，统治天下，在各地分封诸侯。在诸侯中，有个宋国，是殷商王室的后代。有个杞国，是夏朝王室的后代。这两个诸侯国都保留了自己王室的礼仪制度，能够让商王、夏王永远都有人来祭祀。

这是古制。在三统中，新王建立起新的王统后，并不完全废除前二代的王统，而是封前二王的后代为诸侯，仍实行他们的正朔、服色，供奉祭祀，各自保持一统。如此，才真正成为三统。

到了汉朝，开始实施存三统做法的是汉武帝。他派人找到了周王室的后人姬嘉，封姬嘉为周子南君。后来又封为周承休侯，地位仅次于诸侯王。那还有一王呢？

秦朝存在时间很短，而且名声也不好，就被忽略了。另外的一王就选择了商朝。可殷商实在是个太过遥远的朝代了，所寻找的也大多是宋国后人。但宋国后人也已经分化为好几个姓氏大族。选择哪一个成了个难题。

最终有人提议找孔子后裔来继承。大家都知道孔子是圣人，但却忘了一点：孔子祖上是宋国国君的后代，再往前则可追溯到殷商王室。

到汉成帝绥和元年（前8年），孔子这"一统"的身份终于被确认下来了。成帝下诏封孔子的后人孔吉为殷绍嘉侯，随后又进爵为公。同时周承休侯也进爵为周承休公，各赐了方圆百里的封地。

存二王使得通三统理论成为了现实。这一做法用以表明天下非一家之有，是谨敬谦让的表示。

自汉之后，历代都延续存二王的做法，但对于自己王朝上承的是哪二统总是存在争议。而且往往新王朝对于前一王朝的王室也总是赶尽杀绝，生怕有人会假借他们之名进行复辟。理论是美好的，但到底还是现实利益重要，到明朝之后连这种存二王、通三统的做法也都废除了。

北京太庙
位于天安门东北侧，是明、清两代皇帝祭奠祖先的家庙。古代帝王为祭拜祖先而营建太庙，确立王朝权力的正统继承

3. 当新王
——新的王者产生

当孔子写下《春秋》的最后一笔时，他一定没有想到几百年后的学者们会给他戴上一个"王"的称号。

孔子以《春秋》一经进行褒贬进退、存亡继绝，而这是天子才有的权力。在天下无王的混乱时代，以《春秋》代替周王成为新王，来行使天子治理天下的权力。

这一做法是将《春秋》所确立的大义作为最高权威，管制现实中的统治权威，在乱世是可行的，可是在国家已经统一的汉朝是犯忌讳的。所以在《公羊传》中并无明确说明，但在公羊学者中却是世代相传的春秋大义，直至何休作注时才明确记录。

《春秋》庄公二十七年记载："杞伯来朝。"何休注："杞，夏后。不称公者，《春秋》黜杞，新周而故宋，以《春秋》当新王。"

我们前面提到，按照通三统，一个新王朝兴起，会存二王。杞国是夏朝之后，本来是公爵，应该称为杞公。但是《春秋》行王者的权力，代表着一个新的王朝。它存二王，把周、商作为前二统。这样，夏朝

"汉并天下"瓦当
"汉并天下"瓦当,为了纪念汉高祖刘邦统一天下、建立汉朝而制作

的后人已经不属于三统中的一统,自然被废除,把它看作是普通的小国了。

以一本书作为一个新的王者,可能会是比较奇怪的说法。书是没有生命的,它只是体现了作者的意图。那到底谁才是真正的新王?

这个问题就比较难回答了。孔子早已不在世,只能揣摩孔子之义来作回答。所以历代学者对此多有争议,有王鲁说,有孔子素王说,还有汉为王说。

有人认为《春秋》以鲁国史书为依据,把鲁国当作王道礼仪之邦,在书写中多有避讳,所以就有假借鲁国为新王的说法。而有人认为孔子写《春秋》,做的就是王者之事,是王道的实践者,自然孔子就是新王,孔子也便有了素王之称。更有人是在汉言汉,认为汉朝就是《春秋》所期望的王朝,孔子是为汉朝立法,所以兴起的汉朝才是新王。

其实所说的新王不必一定是鲁,也不必一定是汉,它只是表明一个取代周王而兴起的新王。

在《春秋》中,这是一个理想,实现的机缘也尚未成熟。但作为一个新王产生,首要任务是改正朔,易服色,制礼乐,创制新的作为新王朝一统天下的制度。所以在《春秋》中，随处可见为了拨乱反正，创制出新的制度。

公羊学家所提到的《春秋》改制，有一大特色，即托古改制，就是通过托古的方式来改制。变革制度的阻力往往是强大的，即使你把新制度夸上天，人们没有亲眼见识过，总是很难信服，为这些新制度在历史上找到根源，就会大大提升这一制度的可信度。

我们看几种新创立的制度。

夏时制

废除不符合实际的周朝所实行的历法，采用比较合理的夏朝历法。哀公十四年记载道："春，西狩获麟。"按常理，冬天外出打猎才会记作狩，而这里是春天外出打猎。何休注解认为，这是因为"春"指的是周朝历法中的春，在夏朝历法中就是冬。如此记载就是表明要改变周朝历法，而采用夏时制。

西汉狩猎画像砖
狩猎是古代习武练兵、强身健体、振奋精神、谋取收获的一项集体性综合运动。
画像中有奔驰的马车、威武的猎人和拼命逃生的野鹿，描绘了当时狩猎的场景

三时制

之前通用的是四时田制，就是一年中的春、夏、秋、冬四季都可以外出狩猎。但这一制度不符合野兽生长规律。夏季，野兽处于生育时期，有许多幼兽。此时狩猎会杀伤过多，而且极其不仁。所以改为三时制，夏季不再狩猎。

选举制

春秋时期，各级官吏是世袭的。各诸侯国大夫世袭，导致家族势力强大，最终专权把持朝政。国君会盟，却由大夫出席；卿大夫可以随意废立国君，甚至瓜分国家。《公羊传》在多处"讥世卿"，批评卿大夫世袭制，取而代之的应是选择贤能之人担任各级官吏。

定郊制

这个郊，指的是天子祭天。祭天是古时非常重大的仪式，但在周代却没有一定的制度，比较随意，由天子根据实际需要临时确定。春秋时，周天子已经长久没有行郊礼了。当时还有鲁国，曾得到周成王特命可以行天子郊礼，但也废置很久了，毫无制度。《公羊传》提出设定郊制，在每年的正月进行郊礼。

此外还有嫡长子继承制、三年丧制、婚礼亲迎制等。这些制度经过汉代公羊学家的努力，在汉代得以实行。后代王朝也在此基础上加以继承沿用。如汉代官吏选拔中的选士制度，乃至后世的科举制，都可以看到上面所论及的选举制的身影。可见，公羊学所提出改制，对

清代郊祀图
古代帝王在郊外祭祀天地，显示天子得到天授的权力

于汉代政治，乃至以后两千年的中国政治都有重大影响。

改制，为后世立法，是《公羊传》的核心思想。晚清时期的康有为能写出《孔子改制考》，假借孔子之名为变法寻找理论基础，可谓深得《公羊传》之精神。当然，康有为改制的实际内容与孔子理想中的改制内容是有很大不同了的。

小知识◎诸侯大婚

婚姻是人生大事,对于诸侯而言更带有政治联姻的成分。诸侯大婚,是将两国的婚姻联盟关系通过仪式做出承诺,宣告天下,所以其过程更重视礼。

公元前583年,宋共公继位已经6年了。这一年,他的婚事被提上了议事日程。

同姓不婚。大部分诸侯国都遵循这一原则。子姓的宋该选择哪国来联姻呢?

宋国东边是姬姓的鲁国,听说鲁宣公之女伯姬非常贤能。两国关系虽然不是很好,但历史上也曾联过姻。宋武公之女仲子曾嫁给鲁惠公,但那是近200年之前的事了。现在可以再来一次联姻,以促进宋鲁两国之好。

就这样定了。接下来就要好好操办一场漫长的大婚仪式了。

首先是纳彩。宋共公就派了大夫华元作为媒人,带上大雁,前去商议。大雁可是当时纳彩专用礼物。鲁国也很乐意,一拍即合,联姻成了。问名这一环节,华元也顺道完成了。

宋共公在祖庙进行占卜,大吉大利,婚姻可行。

这一年夏,宋共公就迫不及待地派了公孙寿前去送订婚礼物,也就是纳币。双方的婚事算是正式确定。确定好婚期,就等女方送上门了。

好事还不止这一桩。所谓"天子诸侯一娶九女",虽说未必真有九女,但是春秋时期盛行媵婚制,一场大婚娶上三四女不成问题。按礼,诸侯娶一国之女,就会有陪嫁的女子或者是妹妹或侄女陪嫁，或者是其他同一姓氏的两国送上陪嫁女子。

这次大婚，卫、晋、齐三国前前后后都来媵，送上各自的女子来陪嫁。这宋共公一娶就是四女。

第二年二月，终于等来了完婚的那一刻。按礼，男方应该亲自去迎娶女方。但不知为什么，宋共公竟然没有亲自到鲁国去迎娶。这一失礼的行为受到后人严厉的批评。伯姬也很不高兴，但似乎鲁成公并不在意，派鲁国大夫季孙行父护送伯姬来完婚。说到底，这就是一场加强宋、鲁、卫、晋、齐几国政治联盟的婚姻。

伯姬嫁到夫家，3个月后到宗庙中参拜，然后择日来祭祀祖先。如此才最终将女方纳入自己的家族中，伯姬真正成为宋国一员。

4. 张三世
——社会演变的轨迹

在我们大多数人的观念中,中国传统历史观总是将美好的终极社会指向三代的黄金时期。中国人普遍向往上古的三代之治,认定自己所处的时代远远不及,从而希望历代朝廷都能励精图治,最终成为类似于上古三代的盛世。然而在《公羊传》中,却不是这样的。它所设计的美好社会是指向未来的。这也可以算是公羊学中的"非常异义可怪之论"。

一部《春秋》,自隐公至哀公,12世242年。那么为什么《春秋》记载起于鲁隐公?

《公羊传》所给出的理由很简单:"祖之所逮闻也。所见异辞,所闻异辞,所传闻异辞。"只记录作者听说过并能够确认的事,对于太遥远的事无法确认就只能放弃了。这种也算是一种实事求是的做法。

春秋时期,书写记录的手段尚不成熟,知识的传播更多依靠的是口耳相传。同时知识只是作为家学代代相传,具有学派界限,他人很少能够得到共享。如何来保证所记录事实的准确性呢?孔子作为贵族,祖上也有世代相传的资料。在编撰时根据这些相对可靠的资料，来印证所记录的事情是否属实。盘算一下，孔子能够追溯的最远也只到自己的高祖，再往前则因为时间太久，已经无法确保史实的真实性了。所以《春秋》只是追溯到鲁隐公。

孔子及其父亲所生活的是昭公、定公、哀公时期，祖父所在的是文公、宣公、成公、襄公时期，高祖、曾祖所在的是隐公、桓公、庄公、闵公、僖公时期。这样也就形成了亲见的时代、亲闻的时代、传闻的时代3个时期的划分。

当然，离得远的资料少，离得近的资料多；离得远的顾忌少，写得直白，褒贬的倾向可以明显一点，而离得近的很多当事人和利益攸关者还都活着，笔下难免就要有所避忌。所以这3个时期的文字记录是不一样的。乃至于"定、哀多微辞，主人习其读而问传，则未知己之有罪焉尔"。记录最后定公、哀公时候的事情，那些当事人读过之后，都居然读不出来是在批评自己，可见这"微言"得有多"微"了。孔子也会因惧祸而有忌讳，谨慎下笔，看来这种明哲保身的做法是中国历来所遗传的。

孔子虽然是在记录褒贬春秋时期的社会万象，但主旨却是要将他对社会演变、国家治理的看法寓于其中。《春秋》最终结束在哀公十四年。"何以终乎哀十四年？曰：'备矣。'" 为什么在这一年结束？因为到哀公十四年，人类社会万象已经全都具备了，有各类僭越弑君灭国的乱象，也有各种守礼行王道的盛世之象。一句"备矣"，表明孔子的自信心，自信自己所编撰的《春秋》是人类社会的缩影，可以涵盖人类社会所有一切。通过《春秋》，我们可以看透人间百态，把握社会运作规律。

很显然，作为普通人是很难理解这种"微言大义"的。好在东汉

吴王夫差鉴铭文
春秋时期的文字记录很不方便,书写也因地域而风格各异,或作鸟虫书,或作蝌蚪书,并不统一

的何休最终将它昭显出来,明确了三世说。

"于所传闻之世,见治起于衰乱之中,用心尚粗,故内其国而外诸夏,先详内而后治外。"所传闻之世是乱世,但必定会有一位新的王者兴起。他要在乱世中开始寻求建立新的盛世。这时候对社会不能提出过高的要求,只能一步步来,治法也不能过分严厉。而且要区别对待,要严于律己,先提高自身的道德水平,将自己国家作为盛世榜样,由近及远,再治理其他国家。比如说自己有小恶要谴责,别国有小恶则不谴责。

"于所闻之世,见治升平,内诸夏而外夷狄。"到了所闻之世,由乱世上升进入平世,这个平世就是相对平安稳定的时期。经过前期的王道教化,人们的道德水平有所提高,生活也能合乎礼仪。王道的实行已经超过了原先新兴王道之国,扩展到了中原各个华夏诸侯国。只是偏远的未开化的夷狄还未接受王道,与中原华夏有所差别。

"至所见之世,著治太平,夷狄进至于爵,天下远近小大若一,用心尤深而详。"最终进入到太平世。这是怎样的一个时代?作为社会演化的终极,在太平世,人们的道德有了进一步提高。此时,夷狄也已经接受王道教化,接受了中原华夏文化。所以天下不再有文化的差异,不再有国家间的区别,天下都实施王道仁义。这时进入到了《礼记》中称颂的"大同世界"。

然而毕竟春秋是越来越乱的世道,和推导出的三世说有如此之大的反差,人们难免感觉荒谬,心存疑虑。谁都不会相信定公、哀公所在的所见之世会是太平盛世吧。

其实,《春秋》并不只是为春秋时期而作,是为万世而作,是为世界上社会演变设计的一个途径。梁启超看到了这一点:"孔子之作《春秋》,治天下也,非治一国也;治万世也,非治一时也。故首张三世之义。"(《〈春秋中国夷狄辨〉序》)

孔子推行王道,希望能拨乱反正,中间已经隐含了社会朝好的方向发展的意思。三世说更加明确了王道的实现是在未来的太平世。它带有一定的进化论色彩,所以在晚清就成为了介绍西方进化论思想的工具了。

三世说极大地拓展完善了春秋大义,使它带有普世意义,可谓"青出于蓝而胜于蓝"。

5. 别内外
——怎么评判华夏夷狄

中原周边自古就分散聚居着各个民族。如何处理中原华夏民族与周边少数民族间关系成为历代的重要问题，尤其在少数民族入主中原的王朝，更是成为敏感问题。

清雍正七年（1729年），在清入主中原近百年之际，雍正皇帝刊行了《大义觉迷录》一书。面对当时存在的"非我族类，其心必异"思想，仍然存在着的反清复明、驱逐蛮族的暗流，解答夷狄之辨，强调清朝统治的正统性。

《大义觉迷录》说："如三代以上之有苗、荆楚、狁，即今湖南、湖北、山西之地也。在今日而目为夷狄可乎？"时代变迁，中国地域扩大，蛮夷在不断同化。远古时期生活在湖南、湖北、山西的人是被看作蛮夷的人，而现在还能把那里的人看作夷狄吗？历史上"舜为东夷之人，文王为西夷之人"，也不曾改变舜、文王是贤君的地位。而且韩愈曾说："中国而夷狄也，则夷狄之；夷狄而中国也，则中国之。"雍正认为满人入承大统，效仿学习中原文化，中国人何必还讲华夷之分。

《大义觉迷录》在突出清朝统治成就的同时，也尽力从理论上消除夷夏之间的差异。当雍正在写《大义觉迷录》时，他一定会想到《公羊传》，因为《大义觉迷录》的理论基础是来自于《公羊传》对于夷夏内外关系的论述。

成公十五年（前576年）冬，《春秋》记载："叔孙侨如会晋士燮、齐高无咎、宋华元、卫孙林父、郑公子、邾娄人，会吴于钟离。"几个诸侯国相会，在记载时却将吴单独列出来，这是为什么？《公羊传》认为这是区别对待。吴国在中原诸侯国看来是属于夷狄，需要与中原诸侯国区别开来的。

确立内外之别，才可以正确处理好各类关系。"《春秋》，内其国而外诸夏，内诸夏而外夷狄。"以鲁国而言，各个诸侯国是外；以中原诸侯国而言，夷狄是外。内外不是绝对的，而是相对而言的，需要确立一个立场才能有内外。

墨家提倡"兼相爱"，但是人之间的关系有差异，不可能对任何人都一视同仁。正如人们在街上随意见到一个人，就像对待自己家人一样去关爱他，这种做法会让人感到莫名其妙，也是不现实的。

儒家便反对这种无差等的爱，提出了"尊尊亲亲"，爱有差等。人要从自己身边的人开始关爱，再扩展开去。每个人都能这样做，那么整个社会中的人都能得到关爱。有差等的爱是建立在以血缘关系为基础的差别之上的，儒家要求根据人之间的关系的亲疏远近，采用不同的对待处理方式。

同样，这一理念也可扩展适用于国家、民族间。

有人可能会问了，似乎区分夷夏、内外与大一统的理念是有矛盾的。有了差异，如何还会有统一？

其实不然，一统天下不是一蹴而就的，需要有循序渐进的推展。

统一开始于安定、治理好京师,再平定、治理好诸侯国,最后再平定、教化周边夷狄。如此由内而外,从关系最近者开始,而最终实现一统天下。这是别内外所涉及的第一层含义,"自近者始"。

夷夏、内外的差异,决定了不同的对待方式。对待作为外的夷狄,作为内的诸夏应该要有所防备,防备这些外族的入侵,破坏华夏文明;同时也要尽量用华夏文明去教化夷狄,使他们走向文明。

每一次夷狄入侵,诸侯国能奋起反击,都会受到《春秋》的赞赏。如鲁僖公四年(前656年),齐桓公大举进攻楚国,最终迫使楚国妥协,派遣屈完代表楚国与诸侯国订立盟约。对于齐桓公此举,《公羊传》认为"桓公救中国,而攘夷狄",是"王者之事",大力赞赏他的功绩。"攘夷狄以救中国",这是别内外的第二层含义。

那么确立夷夏的标准是什么呢?

先来看发生在鲁宣公十二年(前597年)的邲之战。这是春秋晋、楚争霸中原的关键一战。

这一年,楚庄王出兵讨伐郑国,围困了郑国国都。历次晋、楚大战中,争夺郑国是晋、楚争霸的焦点。郑襄公抵抗不住,只好归降,在庄王面前谢罪,说道:"愿带领少部分人去守卫不毛之地,一切唯庄王所命。"郑襄公愿意放弃国君之位,这也是迫不得已的。

庄王却非常谦卑,并未斥责惩罚郑国君,反而带军后撤七里。对此,将军子重很不解,进谏道:"此次围攻郑国,死伤数百人。现在战胜了郑国却不吞并它,难道不会伤臣民之心?"的确,好好的送上门的领土不拿,这不是脑子有问题了嘛。庄王却回复道:"君子应该重视礼义而轻视财利。我们攻伐郑国只是要它服从,而不是要吞并它的国土。现在郑国已经降服了,如果不赦免郑国国君的话,那就不是善举,灾祸可能会很快降临到我们身上。"最终庄王还是从郑国撤军了。

郑国之围解除了，但晋国救援郑国的军队已经到达。晋国才不管你楚国怎么回事，仍然乘着楚军疲惫，要与楚一战。晋军长途跋涉，又急于求成，渡河水战。自然兵败也是不可避免的。晋军不得不急忙败退，正好给了楚国一次大好机会，可以俘虏晋军。这时，庄王又出人意料，下令道："这只是我们两国国君之间互不交好，那些普通百姓又有何罪？"便下令退兵，放任晋军败退。楚国此战大败晋国，夺得了中原霸权，而晋国丧失了长达数十年的霸主地位。

对邲之战，《公羊传》所关注的是诸侯国的行为是否合乎礼义道德。

楚国一直被认作夷狄，但楚胜郑而不要其领土，与晋战而能放纵晋败兵。楚庄王能遵循道德仁义，所以进楚为君子，以中国华夏来看待它。而晋国本是诸夏，但郑危已解，却乘楚军疲惫而攻击它，是丧失仁爱礼仪之心，所以贬晋，以夷狄来看待它。

这一进一贬，表明了夷夏并不是绝对的，而是以礼义道德作为野蛮文明的判断标准。夷狄习用了华夏文化道德习俗，他们就成了华夏，而中原华夏习用了夷狄的文化习俗，他们就成为了夷狄。是夷狄还是华夏不在于血统，而在于所习用的文化道德。如此一来，华夏、夷狄不再仅仅是种族血统的划分，而是更多地带有文化礼仪道德上的划分。

"夷狄有德进而为中国，中国无德退而为夷狄。"这是别内外的第三层含义。

夷夏的认定可能会发生转变，但是有一点是不能变的，就是以中国文化为本位，反对用夷狄来改变中国。正如孟子所言的"吾闻用夏变夷者，未闻变于夷者"，重点还是强调中国文化的不可替代性。只能"以夏变夷"，即由中华文化同化其他民族，而不能"以夷变夏"，即容许其他民族文化影响华夏民族。

小知识◎《大义觉迷录》

　　清雍正帝编著，全书共四卷，主张清朝的正统性和"华夷一家"，以期消弭汉人的夷夏之防。

　　其的写作源起是汉人曾静、张熙受到吕留良华夷之辨思想的影响游说川陕总督岳钟琪反清，结果失败被捕。雍正帝亲自审问，而后下令收录关于此案的上谕、曾静的口供和《归仁录》，合成《大义觉迷录》，对曾静等人指责他的十大罪状进行一一辩解。雍正帝在书中宣称自己是圣君，鼓吹"夷狄之有君，不如诸夏之亡也"，并强调"中国而夷狄也，则夷狄之；夷狄而中国也，则中国之"。

　　《大义觉迷录》内容以曾静供词居多。雍正明令将此书刊行天下，本来是出于政治宣传的需要。但此书不仅保存了大量激烈的反清言论，而且部分揭示出康熙时诸皇子争夺皇位、雍正登基后采取的应对措施。因此不仅未能收到预期的效果，反而在实际上传播了对清王室极为不利的言论，因此在乾隆即位之初即下令禁毁。

◎夷夏之辨

　　中国古代以中原文明为中心，根据亲疏关系，确立内外关系以及华夏和夷狄的关系。"化外之民"是教化的对象，周边国家是进贡国和属国。

6. 荣复仇
——齐侯灭纪国与"九世复仇"

春秋无义战,但各国都会打出某种旗号,来证明自身的正义性。其中发生在鲁庄公四年(前690年)的复仇之战特别引人关注。

这一年,齐国军队攻破了山东半岛中北部的纪国都城。纪侯无力抵抗,将剩下的国土交给自己的弟弟纪季,自己出国逃亡,一去不返。延续了几百年的纪国灭亡。

齐国长期以来希望灭亡纪国来扩张国土,但由于鲁国的干预而一

山东寿光双王城盐灶
双王城是商周时期规模很大的制盐业遗址群,出土了商代至西周时期两处制盐作坊遗址及数十件制盐工具——盔形器物,同时还发掘出土多个卤水坑井、蒸发池、蓄水坑及两个煮盐用的大型灶台。纪国的国都纪,就位于今山东寿光市

直不能成功。而这一次鲁国自顾不暇，齐襄公终于得偿所愿，吞并了纪国。齐国的入侵，是举着复仇的旗号的。那么齐襄公所复的是什么仇？

这要追溯到齐襄公的九世祖齐哀公。齐哀公热衷于出游狩猎，这应该不算是很大的事。但当时的纪侯却告到了周夷王那里，进了一番谗言。齐哀公被周夷王烹杀，周夷王另立哀公的弟弟为齐胡公。此事让齐国大丢脸面。一直到齐襄公也对此事耿耿于怀，一直希望为自己的先祖报仇雪恨，如此才算是完成子孙应尽的责任。

春秋时，"国之大事在祀与戎"。战争对国家而言是大事，在出征前需要占卜。这一次战前的占卜，得到卜辞说："军队要损失一半。"这显然是不吉的。但齐襄公却回道："寡人以战死为荣，这样看来就不算是不吉的。"可见齐襄公的复仇之心何其强烈。九世之仇，已近200年前的仇恨，是何其遥远。后代的子孙是否应该承担起为远祖复仇的责任？

在《公羊传》看来，这是应该而且必要的，是值得赞赏的。不仅九世之仇可以报，即使百世之仇也是可以报的。这一说法是非常极端化的，不少人肯定会问为什么。

国和君是一体的，国建立后，子孙永远继承延续。君主是国的代表，国的延续由君主来实现。今天的齐国国君不仅继承了齐国往日的荣耀，也继承了齐国往日的耻辱。国君不仅要对现在的齐国负责，还要对历史上的齐国负责。齐哀公受谗被杀的耻辱自然也被继承了下来，成为齐襄公的耻辱。复仇雪耻，才能完成国君的责任，尽到国君应尽的义务。

历史上的齐襄公并不是一个贤君，齐襄公和做了鲁桓公夫人的妹妹文姜私通，事发后还谋杀了鲁桓公。襄公胡作非为，自己最后被公孙无知杀死。但这一次却因为能复九世仇，而成为被《公羊传》所称颂的贤君。

同样对于复仇失败的鲁庄公，《公羊传》也是大书特书。鲁庄公之父鲁桓公被齐襄公所杀。在庄公九年，鲁庄公为复仇和齐国相战，结果失败。按惯例，鲁国战败，出于避讳，是不记载的。而此次战争是复仇之战，即使失败也要记载，如此才能彰显复仇的重要性。

儒家学者曾讨论过一个问题：怎么来看待以德报怨？

许多学派、宗教提出要用仁爱来解决互相的恩怨，以德报怨。但是儒家却不赞同：如果以德报怨，那么用什么来报答德呢？还是应该以怨报怨，以德报德。人类社会时时刻刻交织着恩怨情仇，以德报怨，这对于有恩德于自己的人是不公平的。仇恨，就应该用复仇来对待，这样才能维护世间的正义。

《公羊传》延续了这一观点，在乱世中要用复仇来维护正义。在天下有政治秩序时，正义可以由相关制度来实现。古代有君王、王道来维护，现代则有法律制度来维护。而当秩序混乱、制度破坏之时，正义的维护就比较困难了。在春秋乱世，出于本能而进行的复仇，使作恶者得到应有的制裁，恢复社会正义。这种做法，多数的理论一般都存而不论，默认其存在而不肯定。而《公羊传》却大书特书，可谓又一奇怪之论。

复仇是为了洗刷耻辱，"知耻近乎勇"，中国自古就有尚耻精神。中国人把国家、民族的荣誉放在比自己生命更高的位置。一旦自己的国家遭受到耻辱，便会痛不欲生，必将千方百计报仇雪恨。历史证明，在国家民族遭受奇耻大辱时，总会涌现许多人士，或精忠报国，或杀身殉国，或报仇复国。

国家民族是世代相传、绵延不息的，我们继承了先辈的荣耀，也继承了先辈的耻辱。一洗前耻，是每个人应尽的职责。当然，现在的我们会有更好的方式去雪耻，不会再像齐襄公那样简简单单灭国了事。

小知识◎伍子胥复仇正义吗

"复仇"自古就是伍子胥故事的重要主题,也是子胥出亡的目的。

公元前522年,楚平王怀疑太子将犯上作乱,迁怒于伍子胥的父亲、太子太傅伍奢,将伍子胥的父、兄骗到郢都杀害。伍子胥只身逃往吴国,并发誓要报仇雪恨,打垮楚国。在吴国,经过十几年的厉兵秣马,精心准备,伍子胥终于等到了复仇的时刻。公元前506年,吴军攻破楚国郢都,伍子胥命人掘楚平王墓,鞭尸三百,以报父兄之仇。同时,扶助吴王阖闾西破强楚,北败徐、鲁、齐,成全了吴王"春秋五霸"的地位。

正方:

以《公羊传》为代表,认可伍子胥的复仇。父亲的所作所为,罪不当诛,却被诛杀,子女复仇是应该的,更何况父亲并没有犯罪。复仇的时候"不除害",只限于仇人一身,不得兼杀他的儿子,所以伍子胥对楚昭王没有极力追杀。在复仇的时候,朋友是要给帮忙的,但是朋友不能先出手刺,要让孝子先动手。这些都是古来的道理,是当时人的信条。吴王阖闾,一定意义上是伍子胥的朋友,他帮着伍子胥来复仇,这是符合古道的,所以应该得到肯定。

总而言之,君主无正当理由诛杀臣子,臣子的后人由此而进行的复仇是正义的。

反方:

以《左传》为代表,《左传》不提伍子胥让吴国带头出兵,也极力淡化吴国出兵的复仇色彩。但同时《左传》却提到了申包胥对伍子胥所立的誓言:"你能打垮楚国,我必定能复兴楚国。"大量描写申包胥的行为,使得复兴楚国成为主题。之所以这样记载,是出于君杀臣不可复仇的立场,不认可复仇行为。君臣关系是大义,父子关系只是小义,小义要服从大义,任何感情都不得超越君臣之道。这实际代表了汉朝以来皇权至上的思想,国君永远没有错。后来,"君叫臣死,臣不敢不死"这样的话也出现了。

一句话总结,君主的命令是最高的,任何复仇都是不正义的。

7. 立嫡长

——选立后嗣的原则

先看东汉光武帝的一份诏书:"春秋之义,立子以贵。东海王阳,皇后之子,宜承大统。皇太子强,崇执谦退,愿备藩国。父子之情,重久违之。其以强为东海王,立阳为皇太子,改名庄。"

这是改立皇太子诏书。意思是:按《春秋》的大义,选立继承人,以身份高贵为标准。东海王刘阳是阴皇后之子,应该继承皇位。皇太子刘强,坚决谦让,愿退居藩国。出于父子之情,我不愿违背他的意愿。今封刘强为东海王,立刘阳为皇太子,改名为刘庄。

当时光武帝已经废除了原来的郭皇后,改立了阴皇后。自然皇太子也要更换,郭皇后之子刘强被废,刘阳就依据他是阴皇后之子,是嫡长子,就名正言顺地成了皇太子。

光武帝废立皇太子,所依据的春秋大义,是我们大家都熟知的"立嫡以长不以贤,立子以贵不以长""子以母贵,母以子贵"。两条原则出自《公羊传》的嫡长子继承制。但它具体是什么意思,可能就很少有人说得清了。

在古代，选立后嗣是每个家族的大事，它关系着家族的延续，对于皇室而言尤为重要。在众多的子孙中确立继承者并非易事。如果没有制度的约束，往往会造成兄弟间的自相残杀，而使家族、国家陷入混乱。

制度随时而变，殷商时期兄终弟及制度到了周代已经消亡，而采用嫡长子继承制。《春秋》一书开始于鲁隐公，鲁隐公可以算是一位贤君，但最终却遭自己兄弟桓公所杀，根源就出在立嗣问题上。

鲁惠公死时，桓公地位尊贵，但尚且年幼。隐公年长，但他母亲地位低下，按礼制是不能继承君位的。隐公怕大臣不能辅助幼君，于是上台执政，不是正式继承君位，只是摄政。隐公设想等桓公成人之后，就把政权还给桓公。

在确立后嗣过程中，所遵循的原则归纳起来就是两条："立嫡以长不以贤，立子以贵不以长""子以母贵，母以子贵"。

公孙壶
春秋时期的酒容器，是公子土折在其女儿出嫁时所做的媵器。春秋时期，女子出嫁，其父母兄长等要为该女子铸造青铜器，供该女子在夫家作祭祀用器或生活用器，称作媵器

所谓嫡，是指正妻所生之子；嫡长子，是指正妻所生的长子。嫡长子一般就是合法的继承人。但是如果正妻没有子嗣，嫡长子不存在，就只能在庶子中选择。这时就要依据母亲的身份高低，而不是看年龄的大小。选择母亲身份高贵的庶子作为继承人，何休对此还列举了更明确的顺序：嫡夫人无子，立右媵之子；右媵无子，立左媵之子；左媵无子，立侄娣之子……这里需要说明的是，在春秋时期，国君娶夫人的同时，作为女方一般还会挑选两个邻国公主作为陪嫁，这两个陪嫁公主便是"媵"。两国中略强者为"右媵"，略弱者为"左媵"。侄娣则是正妻的侄女、妹妹，她们也作为妾陪嫁过去。当然在实际生活中是不可能这么理想化的。

根据这一制度，桓公的母亲是右媵，桓公自然是国君继位者，而隐公继位是不合法的。

可能有人会有想法了：当时隐公年长，又比较贤能，在这种情况下为什么不能选择贤能的隐公呢？

在具体情况中，我们的确可以寻找到更合适的继承人。在历史上也常常会遇到类似的情况。但是个人的贤能与否，是带有个人主观判断的。这就会产生问题：由谁来评判确定继承人？

有人会提议，可以按民意来评判啊。

是的，可以这么做，可这同样需要一整套的制度，包括民意表达制度。民意有时可能被人操控，更何况在尚未确立民主观念的时代。

嫡长子继承制的确并不是最好的制度，但也不是坏的制度，它的确立是本着稳妥的原则。正如王国维先生在《殷周制度论》中所说："天下之大利莫如定，其大害莫如争。任天者定，任人者争；定之以天，争乃不生。"天下最大的利益莫过于安定，最大的灾害莫过于纷争。若根据天意就能安定，根据人意就会有纷争。确定后嗣不掺杂人的主观评判，只是依据天生标准确定，这样的制度简单明了，可以杜绝被人利用。虽然不公平，但却稳妥，更能适应实际。

再看前面光武帝的诏书。

光武帝废立皇太子，所引的是"立子以贵"，这是一种误用。"立子以贵"所适用的情况，是没有嫡子而只能在庶子中选立继承人。刘阳是现任皇后之子，是嫡子，选立的原则实际应是"立嫡以长"。汉代是《公羊传》盛行之时，却如此引用，不合本义，难怪晚清学者俞樾会嘲笑那个起草诏书的人了。

《公羊传》对嫡庶子继承方式的区分，在历史上影响重大，成为中国几千年来天经地义的继承方法。

然而凡事总有例外。

明定陵
定陵，明万历皇帝朱翊钧和皇后的陵寝。万历皇帝是明朝在位时间最长的皇帝。他在位期间，围绕皇位继承展开了长达十几年的"争国本"事件

明代万历年间曾经发生过一个"争国本"的事件。当时的皇后无子，万历皇帝偏爱郑贵妃，想要立她的儿子朱常洵为太子。但朱常洵是皇三子，上面还有一个哥哥，万历的第一个儿子，朱常洛。朝廷内外纷传万历将废长而立爱，大臣纷纷上书抗议。册立太子，是国家之本，力争不可废长立幼。这一争执，一争就是十几年。

其实按照《公羊传》，这件事很容易处理。在皇后无子的情形下，可用"立子以贵不以长"的原则。朱常洵的母亲地位更尊贵，朱常洵理应被立为太子。

明代那些大臣往往要引用旧例，维护传统，偏要立长子，却是不懂《公羊传》，不明春秋大义了。但事件的关键点可能还是在于朝廷内的权力斗争。说到底学术理论是为政治服务的，在强大的政治面前，理论总是要屈服的。

小知识◎大葬之礼

生老病死，人生一循环。人们用庄重的仪式来关注人生的最后一环——死亡。

鲁桓公十八年（前694年）四月，鲁桓公死于齐国。"春秋之中，弑君三十六，亡国五十二。"鲁桓公就是被弑的其中一个。这一年，鲁桓公带着夫人文姜访问齐国。齐襄公与其妹文姜通奸，被鲁桓公发现。之后，齐襄公派公子彭生送鲁桓公回国，鲁桓公死于车上。

按礼，诸侯五月而葬。但春秋时，各国往往由于内乱等原因无法按时下葬。鲁桓公之死也是另有隐情。而且害死桓公的凶手尚且在世,做子孙的如何能安心安葬先人,让他死不瞑目?鲁桓公的大葬拖了八个月,直到十二月才下葬。

春秋时的葬礼比较烦琐,大致要经历几个环节:复(招魂)、楔齿(在口中放入珠玉)、小敛(给死者正式穿上寿衣,哭祭)、大敛(尸体入棺,灵前奠祭)、殡(停棺待葬)、出殡(送葬)、下葬(作墓埋葬)等。

诸侯的葬礼,士、大夫前来送葬。送葬时,会带上送给丧家用于葬礼的车马、钱财等物,就是所谓的赗赙。但在春秋,大国国君的丧葬,往往超越了天子礼仪。有时连其他小国的国君也会亲自出席参加。周天子有时也不得不派人前来吊唁送葬。

当然鲁国并不算大国,而且处在多事之秋。有谁出席,没有记载,不得而知了。大葬结束后快一年,周天子倒是派

洛阳东汉墓壁画
汉代人重视葬礼,当时习俗视死如生,以厚葬为德,薄殓为鄙。该壁画描绘了男主人的生活场面,表现了墓主生前的生活以及对他死后升天行乐的祝愿

三 经世治国之义 | 75

春秋时期编钟
出土于河南淅川县下寺第二号墓内，楚庄王之子生前所用。春秋时期，贵族墓葬奢侈，陪葬物众多

了大夫荣叔前来给桓公赐命，也就是追赠了衣物作为表彰。

◎嫡长子继承制

宗法制度最基本的一项原则，即王位和财产由嫡长子继承，而其他的庶子是小宗，被分封到全国各战略要地。庶子在自己的封地内又为大宗，其继承者也是嫡长子。它是中国古代一夫一妻多妾制下实际的一种原则（制度），是维系宗法制度的核心制度之一。该制度起于商末，定于周初。具体规定为"立嫡以长不以贤，立子以贵不以长"。

8. 明权变

——祭仲废立国君与行权之道

鲁桓公十一年（前701年），《春秋》在这一年中记载道："宋人执郑祭仲。"也就是说宋国扣押了郑国大夫祭仲。春秋300年中，别国大夫乃至国君被抓是极常见之事。但是此次被抓的是有贤相之誉的祭仲，而且祭仲被抓后，郑国在宋国胁迫下废立了国君。这一事件引发后人极大的争议。

我们先来看整个事情的来龙去脉。郑国在春秋早期盛极一时，郑庄公有"小霸"之说。在郑庄公众多儿子中，公子忽早被立为太子。在拥有权力的家族中，子女众多且势均力敌，往往会导致互相间的争斗。太子忽本是有机会可以确立自己的强势地位，他曾率军帮助齐国抵御了北戎的入侵，受到齐公青睐。齐公有意将女儿嫁给他，但太子忽认为郑是小国，齐是大国，不太匹配，便拒绝了。祭仲当时就劝太子忽，要答应下这门亲事，让齐国做自己政治上的后援。可惜太子忽没算清这笔政治账，在以后的变故中，由于没有外部势力的支持，为此付出了代价。这就是有名的"齐大非偶"的典故。

郑庄公死后，太子忽即位，是为郑昭公。公子突的母亲是宋国雍氏的女儿，而雍氏是宋庄公的宠臣。宋庄公、雍氏、公子突达成政治协议：宋让公子突继承郑国国君的位置，公子突对宋有一定的回报。于是他们诱捕了祭仲，胁迫祭仲说："不立突，将死。"此时已是宋强郑弱，祭仲便答应下来了，"祭仲许宋，与宋盟"。昭公忽听说祭仲要立公子突，就出逃到卫国去了。公子突回到郑国，继位成了郑厉公。

祭仲作为一国之相，在别国武力胁迫之下，擅自废立国君。这种行为，在《公羊传》看来就是一种行权之道，对祭仲大加赞赏。他这样做是保全郑国。为什么呢？因为如果他不听宋国的安排，扶植厉公上台，他就必死无疑，他一死，郑昭公也必死，郑国必亡。如果他屈从于宋国的计谋，则既保全了自己，也留住了郑昭公的性命，是两全。依君臣之礼，臣下没有废立君主的权力，这是经权。祭仲所为确实不符合为臣之道，但宋强郑弱，情况危急，只能行权，废立君主，延续郑国。虽说祭仲有弄权的嫌疑，但能为保存郑国社稷而舍弃自身荣辱，这是知国重君轻之义。《公羊传》赞许祭仲为贤相，是知道经权之变的。

经权之说，是儒家思想中探讨的重要问题。原则和变通之间如何处理？这一问题在实际处理事务时尤为重要。最为典型的是《孟子》中曾提到的一种情况：按照礼仪来说，男女授受不亲，但是遇到了嫂子落入水中，就要伸手去救助，这就是权变了。可见儒家在强调原则的同时，也不乏灵活性。

我们每天所遇到的状况是复杂多样的，一味要求死板地坚守原则，"一招鲜，吃遍天"显然是不现实的。要求"不变"，到最后是死路一条；只求"变"，变到最后又会没有根本。因而这里的"变"不是随意的变，而是在道德约束下的"变"。有所变，有所不变；能变，也能不变，这才厉害。

那么怎么样才是权？《公羊传》说："权者反于经,然后有善者也。"也就是说权变的做法虽是违背一般规则的,但最终行为后果仍然必须是善的。导致不善后果的行为不能称为权。按董仲舒的说法,就是"前枉而后义"。对于权变,这里就设置了一个道德标准,即在行为后果上必须是合乎道德的行为。"行权有道,自贬损以行权,不害人以行权。"具体地说,行权要以能够保存他人性命,有利他人、国家为最终目的。而在变通行权时产生的后果责任则需要自己承担,如祭仲便要担负弄权废君的恶名。虽有一时的恶名,但最终是利国利民的,这在公羊学家看来才是大义。

行权是一种极高超的处事艺术,难以恰当地掌握。变通的行为一旦超过限度,就成为破坏原则的行为了。而现实中往往有人会将它看作权谋手段,会出现假借变通行权之名,而实际是为满足自己的私欲的情况。尤其近代以来,在马基雅维利主义影响下,出现"只要目的正确,可以不择手段"的说法。这种新的权变思想在社会上占有一定的市场,它试图用目的的正确来说明手段的正确。然而目的正确是行为者内心的判断,不一定会成为客观结果的善。这种说法以内心判断作为评判标准,成为掩饰各类无道手段的借口,也是《公羊传》所反对的无道之权。

典型的如"曲线救国"的汪精卫。曾经是革命急先锋的汪精卫在日本入侵时,害怕日军的强大,选择这样一种"权变"：投靠日本,保全中国。他认为在无美英等世界强国有力援助的情况下,若中日两国正式开战,则中国军队必败,人民生灵涂炭,战败必然亡国；如果求和,与日合作,与日做友好邻邦,还能让中国维持主权国家的地位。汪精卫之所作所为似乎类似于祭仲,但他投靠日本,建立傀儡政府,结果反而是帮助日本奴化中国,因而最终成为投敌卖国的"大汉奸"。

春秋时期郑国兽钮青铜
1923年河南新郑李家楼出土。是一种类似于钟的乐器，器身横截面为椭圆形

公羊学家对于行权之道是极为谨慎的，反复强调行权的限度，必须在可以接受的范围之内。正如董仲舒所言："夫权虽反经，然必在可以然之域。不在可以然之域，故虽死亡，终弗为也。"如果超过了可以接受的范围，即使会身死国亡，也不可做。所以我们可以不拘小节，小节可以有所变通，但大节，这是最低限度的原则，是不可破坏的。

当然历史上对于祭仲这一做法，也不是普遍都赞赏的，尤其是将行权手段用于君主身上，遭致后代儒家学者的极力反对。《榖梁传》就认为"死君难，臣道也"。祭仲应该为国君而死，才是尽为臣之义。司马迁也说过"祭仲要盟，郑久不昌"。虽说祭仲的目的达到了，但经过这番折腾，郑国再也没有恢复元气。《公羊传》重权，《榖梁传》重义，这是立论角度的不同了。

小知识◎三科九旨

现在我们要为《公羊传》归纳一下主要内容。

其实这个事，早在千年前就已经有人完成了，他就是何休。我们就采用他给出的概括吧，最经典简洁的概括——三科九旨。

"新周而故宋，以《春秋》当新王"，是一科三旨。《春秋》宣示着周朝之政的结束，继承商朝（宋）和周朝（周）之政，意味着周朝已经退为"历史"，《春秋》象征着"新王"取代"旧王"。这是指明有一位新王进行改革，统治天下，一个新时代到来。

"所见异辞，所闻异辞，所传闻异辞"，这是二科六旨。三世变异，表明时代的不断变革。

"内其国而外诸夏，内诸夏而外夷狄"，是三科九旨。这是国内外关系、夷夏关系的处理方法，表明王道的实现途径。

历来对何休的"三科九旨"说的确切含义有很多争议。但这并不妨碍它被视为《春秋》微言大义的精髓。刘逢禄就曾言道："无三科九旨则无《公羊》，无《公羊》则无《春秋》。"

◎郑庄公是奸雄吗

《春秋》一开始，率先出场的就是郑庄公。

郑庄公出生时给自己母亲带来了巨大的痛苦，所以母亲姜氏不喜欢他。姜氏想立庄公弟弟段为国君，所以多次制造麻烦，他都隐忍不发；段想占有好的地方，他把段分封到京这个地方；段大修城邑，图谋不轨，他装出一副漫不经心的样子；段把西边和北边的城邑变成自己的私邑，力量不断扩大时，他内心波澜不惊，认为段这样做是自取灭亡。终于段反叛了。庄公有前期充分的准备，即刻平定叛乱。而被娇纵的段则失去了支持，彻底失败。

正方：

郑庄公被后人评论为"东周第一奸雄"，《春秋》写下"郑伯克段于鄢"为这一事件定性。

克是什么意思？是杀的意思。杀为什么却说成是克？是强调郑庄公的恶。为什么强调郑庄公的恶？母亲是想要立段，庄公却把段杀了，还不如不给他地盘。

一场典型的兄弟相争，罪责归咎于庄公。庄公不好好教导弟弟段，反而放纵段，可见他用心险恶，早有杀弟之心，是庄公引导段走向叛乱的。宋代吕祖谦指出，这就好像狩猎者设陷阱捕猎，难道我们不责备狩猎者反而要去责备猎物贪心？我们有什么理由不指责庄公反而去指责段？

反方：

对于郑庄公，毛泽东曾评价过："春秋时候有个郑庄公，此人很厉害。"历史上响当当的秦皇汉武、唐宗宋祖,不过被用"略输文采、稍逊风骚"一笔带过,何以对一代奸雄郑庄公却以"厉害"当之?

庄公能隐忍,能韬光养晦,能出手准狠,可见郑庄公当年"在国内斗争和国际斗争中都很懂得策略"(毛泽东语)。他身上体现出的政治策略、政治技巧,是让人刮目相看的。

四 《公羊传》的实际应用

"制春秋之义以俟后圣",公羊之学,是为后世确立王道法则,是实践政治之学。它所阐发的春秋大义,成为历代(尤其是汉代)社会政治中处理问题的原则。

1. "引经决狱"
——法律圣经

在日常断案过程中,分析案情和认定犯罪当然要依照朝廷颁布的法律来决断,但是还有一个重要的参照依据,有时还更有说服力,就是儒家经义,主要引用的就是《春秋公羊传》。

《公羊传》带有经世取向,是以为后世立法作为目的的。这个所立之法,不仅包括政治制度,也包括具体的法律。《公羊传》所标榜《春秋》大义的效力等同于法律,有的直接就写入了法律。

獬豸
中国古代传说中的神兽,相传形似羊,头上有独角,善辨曲直。当人们发生冲突或纠纷,能用角触碰无理的一方,成为传统法律的象征。古代监察司法官员都戴獬豸冠

四 《公羊传》的实际应用

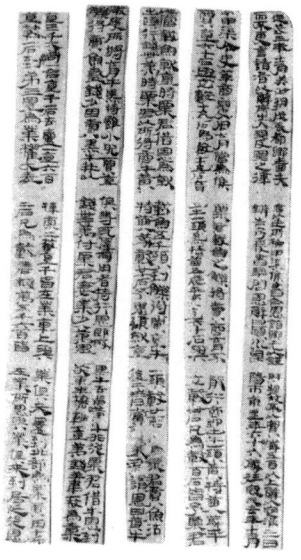

张家山汉简
湖北江陵张家山出土，简上记载有汉初多种律令等内容

在断案时，人们喜欢从《春秋》中找类似的事件，翻看孔子的处理方式。如果孔圣人都是这样处理的，现实中还有什么理由不仿照着来处理？

这种做法就是"引经决狱"，或者更具体地称之为"《春秋》决狱"。它自西汉汉武帝独尊儒术时期开始盛行，直至唐末才逐步消失。

根据《春秋》大义，结合实际案例，可以归纳为几大原则。

原则一：原心定罪

先来思考一个案例：

乙与丙争吵打架，丙用佩刀刺了乙。乙的儿子甲见此情况就用棍子打丙。但是甲的准头太差了，该打的没打到，却伤到了他父亲乙。对甲应如何处理？

类似的案件，在现代也是偶有发生的。在现代的法律制度中，甲属于一般性质的误伤，谁也不会考虑到乙和甲的父子关系。

然而在古代，这就不一样了。有的官吏认为儿子犯了殴打父亲的重罪，要按律枭首。枭首，就是砍下犯人头，高挂在木杆上示众。有这么严重吗？当然。忤逆人伦，殴伤亲爹，这是大罪。

但董仲舒却有不同见解。他认为儿子的动机不是打父亲，所以应免罪。理由呢？《春秋》中有类似的事例："许止父病，进药于其父而卒。"这件事前面已经提过，许悼公病重，太子止给自己父亲端药，许悼公喝了药就死了。太子止所谓的弑君，并不是故意的，所以先用"弑"字给太子止定罪，然后又用"葬"字宽恕了太子止。甲的案件可以参照这件事来赦免。

整个决断过程就是重点考察犯罪者的动机是否合乎道德，如不合道德，必须严惩；如合乎道德，虽犯法亦可从轻论处。

原心定罪，考虑到了罪犯的心理动机，但却存在一个问题：如何"原心"。"原心"是带有个人主观性的，那么"谁来原心"就成为关键了。

具体看一个真实的案件。这个案例有一大特点：控辩双方都本着"原心定罪"原则，却能各有阐发，各自原心，原出不同结论。

案发过程：

汉哀帝时期，博士申咸诋毁元老重臣薛宣，说他不孝顺，既不供养母亲，在母亲死后居然还不服丧，在以孝治国的汉代实在不应该再厚着脸皮继续在朝廷里待着了。

薛宣的儿子薛况也在朝廷做官，听申咸议论自己的父亲，于是暗中指示门客杨明做好准备，要找机会给讨厌的申咸毁容，让他没法再在朝廷立足。

这时正巧司隶的职位出了个缺，申咸很有可能就补了这个缺。司隶，也就是司隶校尉，监督京师和地方官员的监察官，能够监督弹劾官员。薛况就是担心这点，所以沉不住气了，赶紧找来杨明，让他动手。

杨明就在宫门之外拦截申咸，把申咸砍得鼻子也断了，嘴唇也裂了，身上留了8处创伤。

整个案件简单明了，按现在的说法就是故意伤害，但是在审判过程中却出现了争议。

再来看辩论阶段：

控方：这件事虽说是故意伤人，但不能和普通人互相争斗等同处理。因为这是发生在宫门外的。按照《春秋》原则：动机不良就该杀。在宫门外犯罪，这是冒犯皇帝，此风不可长。薛况是主犯，杨明是帮凶，这二人动机和行为都是邪恶的，犯了大不敬之罪。对杨明的处罚理应从重，所以判杨明和薛况弃市。

辩方：薛况的作案动机是因为父亲受了申咸的诽谤，所以心生愤懑，这是父子亲情所致，是孝心的体现，情有可原，怎么够得上死罪？这次故意伤人虽然是发生在宫门外，但纯粹是出于私人恩怨，和百姓斗殴在性质上没什么两样，根本就谈不上"大不敬"。圣明的皇帝不会因为自己的怒气而增加罪罚。根据《春秋》大义，原心定罪。杨明应该按照法律规定只以故意伤害罪判刑，薛况有爵位在身，可以减罪，所以他和其他同谋应该减刑为"髡为城旦"就可以了。也就是说剃掉鬓角和胡子发配到边疆修筑城墙。

控辩双方都引用《春秋》大义，却得出完全不同的结论。控方着眼于在宫门外伤人,是大不敬;辩方着眼于为父复仇,本心出于孝道。可见同是原心定罪,关键就在审判者如何来判定罪犯的动机了。

这个案子最后基本采纳了后者的说法,薛况减刑一等,发配到敦煌;薛宣免职回家。

原则二:诛首恶、罪止其身

先看一个具体案件。

东汉安帝时,官员贪污现象很普遍。清河国的相叔孙光被查出贪污,便下狱抵罪。在处理这案件时,连带他儿子在内两代人都被囚禁了。这种做法似乎也是普遍的做法。与此同时又发现了一位贪污官员——居延都尉范。原本没什么可争议的,也同样处理就是了。

但是出现了一位异议者刘恺,他持反对意见。他所反对的当然不是严惩贪污官员,而是反对父子连坐。理由呢?很充分,"《春秋》之义,'善善及子孙,恶恶止其身'"。也就是说只对犯罪者惩罚,而不要株连无辜。

"恶恶止其身"是《春秋》之义,其实出于《公羊传》。《春秋》

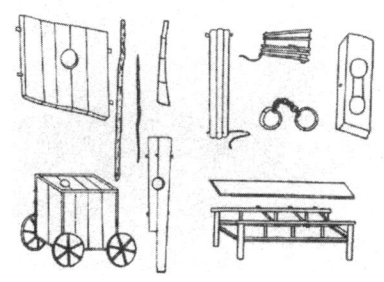

唐代刑具
历代的刑具形制繁多,包括斧、钺、刀、锯、钻、凿、鞭、杖等,是进行拷讯、拘禁罪犯和执行肉刑时使用的器械

昭公二十年称："夏，曹公孙会自出奔宋。"公孙会出奔，其实是叛逃到宋国。但是由于公孙会是公子子臧的儿子，而公子子臧曾把曹国国君之位让给兄弟，被认为是贤人。所以对贤人之后也要避讳提及他的恶行。这体现了一个原则，就是先人的善行惠及后代，而恶行只是处罚在自己身上，不祸及后代。

恶行的处罚不涉及无辜之人，同时，在共同参与作恶时，严惩的也只有首恶。这一原则也是历代断案时参照的重要原则，即诛首恶。

僖公二年，"虞师、晋师灭夏阳"。大家所熟知的假途灭虢之事，晋国是灭虢、虞的执行者。但为什么《春秋》把虞国这个小国列在首位，作为首恶？因为虞国收受贿赂，把道路借给晋国，最终自取灭亡，所以虞国是首恶。《春秋》对于这类首恶是尤为憎恨，要求严惩以警诫他人。

诛首恶，是强调从重惩罚共同罪犯中的"首恶"。首恶是整个事件的策划者、组织者、煽动者。对于这些图谋不轨者，应当施以重刑，杀一儆百；但同时又希望不滥行淫威，少用刑罚。这正是法律中讲究"宽猛并施"基本态度的例证。

原心定罪侧重于如何定罪，那么诛首恶则是侧重如何来确定刑罚的轻重了。当然，这一原则对于谋反等重罪显然是不适用的。事实是，

"单于天降"瓦当
出土于内蒙古。表明匈奴归汉后接受汉朝皇帝册封与玺绶，双方和好之义

现实中真正能做到罪止其身的却是少数。真正触及自身利害关系时，所谓的圣人教条原则也就束之高阁了。历代的连坐之法盛行便是例证。

原则三：以功覆过

僖公十七年载："夏，灭项。"《公羊传》解释说：孰灭之？齐灭之。曷为不言齐灭之？为桓公讳也。《春秋》为贤者讳。……桓公尝有继绝存亡之功，故君子为之讳也。

项国被灭，但《春秋》却连是谁灭的也不记载清楚，这不是和《春秋》一贯所标榜的惩恶扬善精神相违背吗？灭他国，是大恶。但项国是齐桓公所灭。齐桓公一生所为，让许多已经或将近灭亡的国家得以保存继承下来，有继绝存亡之功，是《春秋》所赞赏的大功。灭项，

"天理国法人情"匾额

河南内乡县衙是保存最完整的县衙。衙内悬挂着匾额，上书"天理国法人情"，意为循天理、遵国法、念人情，折射出中国古代官吏的执法理念

是齐桓公自己违背了自己的信条。

按我们的想法，明知故犯，应是罪加一等，更应严惩。但《春秋》却认为齐桓公前有大功，可以盖过这一过错，所以要对他有所避讳。由此便有了以功覆过原则。

犯罪者若于国有功，断狱时可将功抵过，免受法律的追究。

如汉元帝时，西域都护甘延寿、西域副校尉陈汤擅自兴师，出击讨伐匈奴郅支单于。他们的行为的确是属于"矫制"，违反了军规。这是当时大部分大臣的看法。而且陈汤还有贪污罪，所以应当治陈汤的罪。

而刘向则提出："昔齐桓公前有尊周之功，后有灭项之罪，君子

刻有呼韩邪单于、郅支单于名的木简
内蒙古额济纳旗居延出土。公元前36年，陈汤发西域兵4万击灭郅支单于，结束了西汉与匈奴的百年战争

霍去病墓前石雕——马踏匈奴
霍去病墓位于陕西兴平县。汉武帝时期国力大盛，汉武帝数次派以卫青、霍去病等将领为首的大军深入北方大漠与匈奴决战，皆大胜而归，巩固了北方边陲

以功覆过而为之讳行事。"甘、陈有大败匈奴之功,宣扬了大汉国威。如果治罪的话,就抹杀了如此大功,所以应改"除过勿治,尊崇爵位,以劝有功"。最终,元帝从之,诏"拜延寿为长水校尉,汤为射声校尉"。

在实际的运用中,肯定会涉及到一个问题:什么样的功才可以抵过?对功、过的衡量,又是一个主观判断了。主观判断是没有标准的,往往就看断案人是不是要保全犯罪人了。

以今天的观点来看,用功来抵过,用功来掩盖过,这根本不能成为法律原则。它的原意是要保全有功之人,但会伤及法律的威严。一个人只要有天大的功劳,就可以逃脱法律制裁,为所欲为了。那样,就将会有人功利化地去建立功勋,把它当作自己的护身符。

以功覆过原则,对于现代的中国人影响仍然很大。曾有报道,河北有一局级干部贪污受贿后,内心不安,便疯狂工作,期望能将功抵过。这一原则是用功勋来摆脱法律的制裁,在现代社会中是会妨碍到法律的公平性的。

除去前面所提到的三个原则,还有"为贤者讳""子不复仇,非子也",等等。《春秋》之义皆可成为原则。《春秋》决狱,是儒家思想渗透到国家法律制度中的表现,从而塑造出传统法律的基本性格——"伦理法"特质。

小知识◎赵盾是否"被"弑君

鲁宣公二年(前607年)九月,晋灵公,这位历史上有名的无道之君,也进入了春秋被弑之君的行列。史载,晋灵公无道,好声色,宠任屠岸贾,不行君道,以重税来满足奢侈的生活，尤其好狗。当时的权臣赵盾多次规劝不成，反而使灵公起了杀心。

赵盾禁不起灵公三番五次的刺杀行动，就外出流亡了。但没多久就传出消息，赵盾的堂弟赵穿把灵公给弑了。赵盾就返回主持朝政，再立新君。

正方：

这只是春秋时期又一场权力斗争导致的弑君事件。《春秋》记载道："晋赵盾弑其君夷皋。"记载中，一如既往地没有提及过程。直称晋灵公之名，也算是对灵公无道的谴责。然而未曾参与弑君的赵盾却成了主犯，赵盾"被"弑君。

赵盾的这一被动形态产生，是来自于被孔子称为"古之良史"的董狐之笔。赵盾也曾大喊冤枉："天啊！我是无辜的。"的确，并没有史料可以证明赵盾参与到这场弑君行动中。

反方：

史官是怎么看的？在与赵盾的对话中，史官说出了缘由："你一向标榜要行仁义，现在有人弑君，你回国执政却不严惩弑君的贼人，这不就等同于你在弑君吗？"原因很简单，就是赵盾没有严惩弑君的赵穿，是在放纵弑君这一行为。虽说晋灵公无道，不得人心，但为人臣的还是要尽为臣之道，也就是"君虽不君，臣不可以不臣"。

赵盾为什么会不严惩赵穿？赵穿是赵盾的同族，但更有可能赵盾从内心出发是乐意看到灵公被弑的。无怪乎后代会有人认为赵盾是主谋。

2. 立嗣问题的决断

中国人历来重视家族子嗣延续问题，对于皇室而言，立嗣更是被看作关系到国家安危的根本问题。"太子，天下之本，本一摇天下振动。"太子是国本，不可不慎重考虑。历代的事实也证明，立嗣关系到权力斗争和重新分配，往往是引起政治动荡的因素。

立嗣有原则可循，《公羊传》确立了"立嫡以长"的规则。但是一个王朝的前期往往由于皇子众多，容易发生皇位之争，而到了王朝后期又因为皇子稀少乃至于无子嗣，所以在实际中这样理想的立嫡长子为太子的情况是不常见的。例如在两汉时期，26位皇帝中，以嫡长子即位的仅有惠帝、元帝、成帝3位。

立嗣总是会引发重大的政治风波。

汉昭帝时期，曾经发生过一件事。一天，在京城长安，有个人乘一辆黄牛拉的车子，车上插着黄旗，旗上画有龟蛇图案，身穿黄衣，头戴黄帽，一副皇家装扮。他还口口声声说自己是卫太子。卫太子，是那个汉武帝皇后卫子夫之子吗？在武帝晚年，发生了著名的巫蛊之乱，卫太子也无辜被牵连其中而死。

卫太子又出现了，自然引起大众围观。除了普通百姓，还有就是各级官员，围观者有万人之多。这是大事，皇家的权力斗争不知要牵连多少人。

这个卫太子该不是假冒的吧？事实上很多人都会这么想，但是理由、证据呢？大部分人抱定宁可信其有不可信其无的想法。

这时，京兆尹隽不疑出现了。隽不疑立即喝令手下将他拘捕。

隽不疑真不怕所抓的是如假包换的卫太子？

隽不疑理直气壮地说了一番道理："当年蒯聩得罪了自己的父亲，被迫逃亡国外。后来他父亲死后，蒯聩想回国，可他儿子辄却拒不接纳。《春秋》是赞同辄的做法的，那现在这事不是如出一辙么。卫太子当年得罪了先帝，即便这位是如假包换的卫太子，也早就是个罪人了，应当立即拿下！"

隽不疑是个《春秋》学家，从小钻研《春秋》，自然对《公羊传》之义是熟悉的。隽不疑的理由其实来源于《公羊传》。蒯聩是卫灵公的太子，因刺杀灵公的夫人南子失败，得罪灵公而出奔到晋国。灵公死，立蒯聩之子辄为君。晋国的赵简子又把蒯聩送回，借以侵略卫国。卫国抵御晋兵，自然也拒绝蒯聩回国。虽说卫灵公无道，蒯聩也是迫不得已才得罪自己父亲的，但是对于此事，《公羊传》是赞成卫君辄的做法的。

《公羊传》是这样解释的：

卫国可以拒绝原来的太子蒯聩回国吗？

当时卫国的主帅石曼姑受命于卫灵公，是可以拒绝蒯聩回国的。但毕竟蒯聩是现任国君辄的父亲，是不可以诛杀的。

那作为儿子呢，父亲被驱逐，却能够被立为国君，这种做法也是可行的吗？

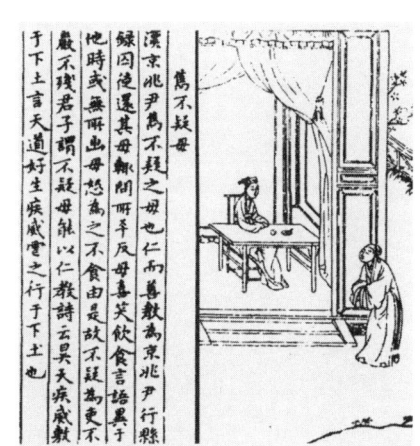

隽不疑母

出自明刻本《古列女传》。隽不疑,曾任京兆尹,西汉公羊学者。他当官严厉而不残酷,在任上不遗余力地平反冤假错案,与他母亲的教育有很大关系

是可行的。为什么?

被立为国君是国君卫灵公之命。相比较而言,国君之命是更为重要的,不能因为父亲之命而违背了国君之命,不能以公废私。

卫太子之事类似于此事,隽不疑就采用《公羊传》的说法处理了。至于那个卫太子,事后证明的确是假冒的。以春秋大义作为依据,隽不疑成功制止了一场即将到来的政治动乱,可见当时《公羊传》在国家社会政治中的地位。

3. 天人感应
——决策大事

汉代的公羊学家喜谈灾异。

《春秋》中记载了大量的异常天象、天气、灾难，但却是"记异而说不书"，也就是只把现象记载下来却不说明记载的原因。《公羊传》中也没有大力渲染灾异。但在后来的学者中必定会有人要提出疑问：为什么要记载这些灾异？

这就是后代公羊学家一直在做的事，做出解说，说明记载这些灾异的用意。

北斗星象图石像
山东嘉祥东汉墓出土，画有北斗七星，象征帝王之车，乘北斗升天。古代重视北斗七星。北斗星是天空的中心，三垣和二十八星宿都以北斗为中心来分野天区

有一种解决这一问题的思路：既然《春秋》中记载了自然界中和社会中的事件，那么这两者之间是不是有着联系？西汉董仲舒就是走了这一路径。他大谈天人感应，将各种灾异和社会中各种现象联系起来，再加上当时阴阳五行学说也盛行，天人感应的解说就被广泛认可了。

我们常说"人在做，天在看"，老天爷就像一个公正的裁判。人们表现好了，老天会表扬，降下祥瑞；人们表现不好，老天就会惩罚，降下灾异。老天通过各种手段来告诫人们：要注意了，不要再犯错了！

上天的谴责，要求人们寻找自己的过失，改正自己的过失。所以天人感应学说的目的是希望人们，尤其是统治者，能时刻谨慎行事。

而随着西汉中晚期谶纬兴起，灾异附会人事逐步成为了公羊学的特征之一，也给公羊学蒙上了神秘色彩。

谶，是图谶，是种预言。纬，相对于经而言，是在解释经书时进行比附的纬书。两者很类似，往往合称为谶纬。它是一种预言，说在古代某某典籍里就已经有预言了，预测到在某时某地会发生某事。而孔子也成为了最大的预言家之一。汉朝兴起，刘氏当国，正是出自孔子的预言："宝文出，刘季握。卯金刀，在轸北。字禾子，天下服。"

人们出于对自然的敬畏，对未知的恐惧，希望事先能预知未来，把握自己的命运。即使在现代，同样会有人去相信预言，更何况在那个科学尚不发达、有许多现象无法解释的时代。谶纬便成为了当时学者用以预知未来、掌控未来的手段。

现在所见到的《公羊传》的何休注中充斥着灾异说。

试举几例来说明。

成公十六年："六月丙寅，朔，日有食之。"日食，何休认为这是预示着之后楚国灭了舒庸，晋厉公被饿死。

成公三年："二月，甲子，新宫灾。"宫殿火灾，何休认为这昭示鲁宣公是篡位之君，死后不该进入宗庙。而鲁成公则年幼，大臣权力太大，和周边的齐国结了怨，不是一个好的守成之君。

还有更神奇的。僖公十六年："陨石于宋五。是月，六退飞，过宋都。"陨石、鸟倒飞，这都是异象。何休把它和宋襄公联系起来。宋襄公想成为霸主，但是不采纳臣下的建议，刚愎自用，所以当政5年后被他国俘虏，6年后最终失败。这一次连数字都能联系上，乍一看上去，还是很神奇的。

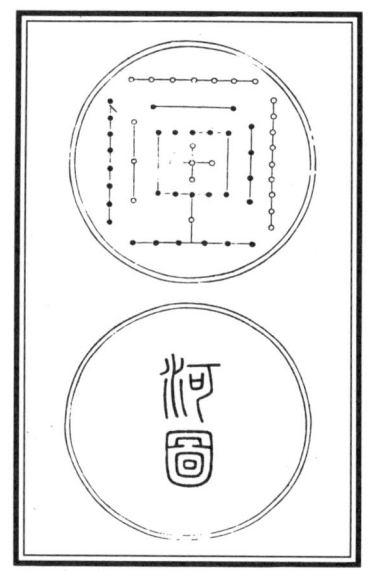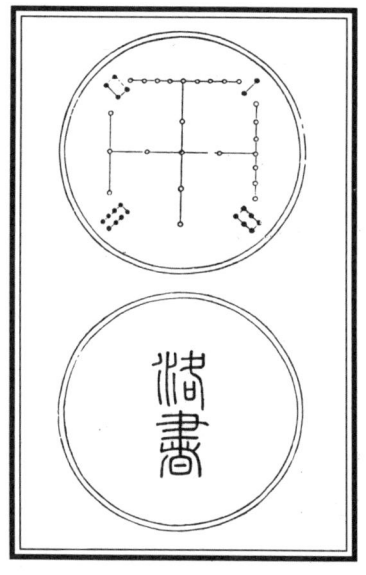

河图、洛书
河图与洛书是古代流传下来的两幅神秘图案，阴阳五行术数之源。河图用十个黑白圆点表示阴阳、五行、四象。洛书上，纵、横、斜三条线上的三个数字，其和皆等于15

孔子是"不语怪力乱神"的，对那些神秘不可知的事物存而不论。何休过分重视灾异，这也是后世批评他的原因之一。

但是在两汉时期，谈灾异的风气在社会中泛滥确实是现实。尤其在东汉，加上谶纬盛行，更加造成了人们用各种灾异比附政治，来决策大事。

汉宣帝地节三年（前67年），夏天，京师突然下起了冰雹。这就是一场特殊的天气灾害，也很平常，放在现在最多就是要处理好灾后的人员伤亡、财产损失等情况。但是，当时大家关注的焦点不在于此。

天降冰雹后，大儒萧望之就要求见宣帝，当面论述冰雹灾害。萧望之认为今日的雹灾是由于大臣中有一姓人手握朝政所致，暗指当时霍光家族专权。当时霍光虽死，但其子霍禹为大司马，侄霍山领尚书事，亲朋故吏充斥朝廷。

这是怎么得出来的？萧望之引用了《春秋》，昭公三年下了大冰雹。汉代的公羊学家都解释道这是对于鲁国季氏专权，最终驱逐鲁昭公的一种警示。《春秋》在昭公即位后的几年中多次记载了各种异常的天气状况，大雨、大雪、大冰雹、地震等，都是上天给予的警告。但鲁国一直没有处理好，预警最终成为现实，昭公被自己的臣下驱逐出自己的国家。

现在汉朝也出现类似的情况了，当皇帝的能不谨慎吗？于是萧望之建议"选同姓，举贤才，以为腹心，与参政谋"。以公羊学说的灾异理论比附时政，汉宣帝当然是心知肚明的，也采纳了建议，逐步削减霍氏家族的权力。类似的开头并没有导致类似的结果，霍氏最终以谋反伏诛。

这是用异常天气来比附政治的。再看一个例子。

汉昭帝元凤三年（前78年）正月，发生了一系列怪事。泰山、

孔子闻韶石刻
公元前 517 年，鲁昭公被大臣季孙氏、孟孙氏、叔孙氏打败，出逃到齐国。孔子也追随到了齐国。孔子和齐国太师谈论音乐，听到传说中舜作的乐曲韶乐

莱芜山南有奇怪的声音，好像数千人聚集在一起的喧闹声。有人过去一看，原来是一块巨石自动立起来，高达一丈五尺，有 48 个人合抱那么粗，入地八尺深，另外还有三块石头就像脚一样围在旁边。等到巨石立起来后，天空中飞来数千只白鸟，聚集近旁。而在同一时间，昌邑社庙里枯树重生，上林苑内原有的一株枯萎倒地的大柳树，竟然也自己立起来了，重新焕发了生机，并且有虫子在柳树的新叶上咬出了文字："公孙病已立。"

有人害怕了，这种种灵异事件，到底是怎么回事？但更多的人在想，肯定是上天要传递信息给人们了，可是这传递的是什么意思呢？这就需要学者出马解决了。这回是眭弘，也是一位精通《公羊春秋》的专家。

眭弘根据《春秋》之义，其实就是《公羊传》的理论开始解释：

石头和柳树都是阴性的，代表着处在下层的老百姓，而泰山则是群山之首，是改朝换代之后帝王进行祭祀大典的地方。如今巨石自立，枯柳复生，都不是人力所能为，这就说明即将要有平民百姓成为天子了。而社庙中的枯树复生，预示着以前被废的公孙氏该当复兴。

眭弘的解释就是说有平民百姓要成为皇帝，要改朝换代了。并且上书说了一番更大胆的话："先师董仲舒有言，即便是守成之君，也不能妨害到新圣人受命登基。而且刘氏皇族是尧的后代，更应该学学尧禅让的做法。所以汉帝应该昭告天下，寻找贤人，禅让帝位。而自己则退位就只谋求获得方圆百里的封地，就像殷、周二王的后代那样获得封地，这样才算是顺承天命。"

对此种说法，当时执政的霍光非常厌恶，眭弘以妖言惑众罪被判处死刑。眭弘一心以公羊学来解释异象，但是忽视了一点：政治是自利的，所有的理论都是为统治者自身服务的。

但眭弘的解说还是很准的。5年后，宣帝从民间即位，他是汉武帝的曾孙。"公孙氏"指的就是卫太子的孙子。

《公羊传》理论在汉代的发展过程中增加了灾异理论，使得它带有更浓烈的变革色彩。灾异附会人事和五行生克之说实际上表明了世间不存在万世不衰的朝代。每次遇到灾异出现，就会有人提出改朝换代的预言，而这是朝廷上层所不喜的。所以在汉宣帝时逐渐出现了以《穀梁》代替《公羊》的趋势。

小知识◎星象与生活

《春秋》记载日食37次、彗星3次、陨石2次。《公羊传》认为这是"记异",记录异常天象,相对理性地对待它,而并不将它神秘化。这是自孔子以来,儒家不谈论神秘诡异之事的传统。

直至汉代天人感应说盛行,人们才开始大量用星象比附生活。

汉代瓦当青龙、白虎、朱雀、玄武
商代,人们把天空四方的星象组成东方青龙、南方朱雀、西方白虎、北方玄武,后作为方位或地域概念。汉代,四神也被视为武力的象征,并出现在宫殿装饰瓦当及铜镜上,代表东西南北四个方位,又有驱邪除恶、镇宅吉祥的含义

为什么鲁哀公时期会没有日食?汉代《春秋纬·感精符》解释说:鲁哀公的政治已经乱到不可救药的地步了,连上天都不再告诫他了。因而不再出现日食,上天抛弃了鲁哀公。其实《春秋》记载鲁哀公时期是有过一次日食的。

从《史记》开始,学者就注意"事验",重视用历史事实去验证星象预测。《汉书·天文志》更进一步,把春秋以来到汉哀帝年间发生的一些重大的历史事件同天象联系起来,以证明天象与人事之间的确存在着感应。这种做法成为历代史书的惯例。

五 《公羊传》家学世代传

《公羊传》的传承是一个不断赋予它新意义的过程。千年的传承中,虽由于今古文之争而衰落,但自清代而再次大兴。时代的变更,再次赋予《公羊传》新义,使之成为容纳西方进化变革思想的载体。

1. 注解的注解

中国历来有注释古书的传统，尤其是对经学书籍。一是书籍历史久远，后代人看先秦两汉时的书正如我们现代人看古文一样，要看懂也是不容易的。这就需要有人用当时的话解释一下。二是时间推移，又有新的学说产生了。"旧瓶装新酒"是古人常用的手段。古人崇古，新学说要在更早的书籍中找到依据，要让人觉得是前人已有的说法，才比较容易让人信服。后人在注释时，不可避免地就会掺杂入自己的新学说，来传播扩大自己新学说的影响。吆喝着旧的酒名，卖的却是自家酿造的新酒。

《公羊传》是对《春秋》的解说，但是《公羊传》整体仍是比较简略的，而且公羊学在两汉也经历了重大发展。所以，对《公羊传》的注解自然而然也就产生了。

《春秋公羊经传解诂》（下简称《解诂》），东汉何休著。何休所处的是东汉末期，公羊学日趋衰落，已经不再有西汉时期的繁荣了。但是他继承汉初以来公羊学的事业，花了17年心血，撰写成这一部总结两汉公羊学的著作。

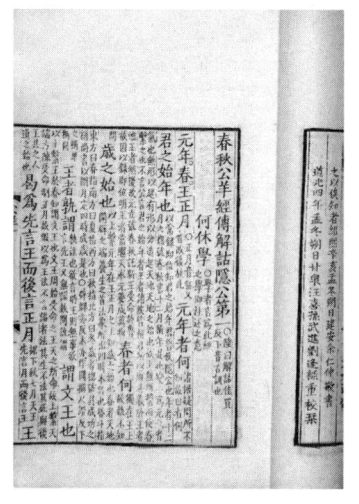

《春秋公羊经传解诂》书影

《春秋公羊经传解诂》，东汉何休注，唐代徐彦疏，28卷。何休为《春秋公羊传》制定义例，徐彦作疏也保存了唐以前的一些旧说。它是今文经学派的代表著作，收入了《十三经注疏》

  《解诂》撰写所采用的方法是比较传统的，就是在原有的经传文句后给出注解说明，既有对经的注释，也有对传的注解。《解诂》一书将许多理论引入公羊学，如大一统、三世说、灾异说等，使得这些理论真正融入《公羊传》。何休将《公羊传》的内容归纳起来，称作"三科九旨"，成为核心思想。

  何休是一位孤独旅者，东汉末年唯一一位公羊学大师。以他一人之力，也无法改变《公羊传》的命运。公羊学衰败了，后来几乎成为绝学，但早期公羊学理论却通过《解诂》而没有消亡。

  在《春秋公羊经传解诂》之后，直至唐代才有新的注解产生，就是《公羊传疏》。

  在文化繁荣的唐代，科举考试中有"明经"科，以九经（《周礼》《仪礼》《礼记》《左传》《公羊传》《穀梁传》《易》《书》《诗》）作为考试依据。但是《公羊传》只是属于"小经"，而且不容易掌握，

北京孔庙"十三经"刻石
北京孔庙与国子监之间的夹道内,由189座高大石碑组成的碑林,上有乾隆年间所刻的"十三经"

往往很少有人会选择《公羊传》。《公羊传》在当时也是不受重视的。不管怎么样,这时几百年的书籍已经需要有新的注解了。

《公羊传疏》据传是唐代徐彦所著。但是徐彦其人,并没有可靠的记载,连他是否是唐代人也是有疑问的。就是这样一部没注明撰写人姓名、时代的作品,被后人列入了《十三经注疏》中,也就是我们现在所看到的《春秋公羊传注疏》。

《公羊传疏》是对《春秋公羊经传解诂》的进一步解说,它并不注重对字、词的解释,而是对传、解诂的文句整体上给予解说。按照唐时"疏不破注"的传统,《公羊传疏》严守解诂的观点,依照注文忠实地做出诠释,而没有添加进新观点。

公羊学的历史是长期沉闷的,一直到清代才有所改变。复兴,是公羊学在清代的主旋律,表现为注解书和新理论的大量产生,其中以《公羊义疏》比较著名。

《公羊义疏》,清代陈立著。陈立注释的关注点比较特殊:重点在于《公羊传》的礼制。礼制十分复杂烦琐,一向被认为是很难的学问,非一般学者能把握。也就是像陈立这样一位博学之士才能够旁征博引,从礼制角度来注释。

该书虽名《义疏》,但是对公羊学的义理解释是比较少的。全书引证礼制材料非常翔实,在注释时尽可能多地罗列引用各种说法,极具有参考价值。但是这种做法却忽视了公羊学的特色——重视义理,探究《春秋》大义。

上面所举的是对《公羊传》进行注解的几部著名著作,但在公羊学的历史上,还有更多的学者以其他方式创造着更灿烂的成就。

2. 为汉制法
——《公羊传》的胜利

历史总有着惊人的相似。秦朝时有着一对师兄弟，韩非和李斯，李斯为学不及韩非，妒忌其才，就在秦始皇面前进谗言，韩非最终毙命于狱中。而在汉代又有一对同门，上演了同样的故事，他们就是董仲舒和公孙弘。

汉高祖一统天下，经过几十年的休养生息，国力强盛。汉武帝继位，一场伟大的变革即将到来。

建元元年（前140年）武帝诏举贤良。当时应举者有百人，其中有一位因为精通《春秋》而中选成为博士，他就是年已60的公孙弘。而这位公孙弘最终成为中国历史上第一位布衣儒相。

公孙弘早年在海边放猪，是个猪倌出身。到了40余岁时乃从胡毋生学《公羊传》。胡毋生就是前面我们提到的协助公羊寿一起将《公羊传》著录在竹帛上的那位。胡毋生与董仲舒同治一经，可以算是同门。（历史记载不详，但是公羊学之前都是口授，两人应该有着某种师门关系。有记载说董仲舒与胡毋生同为子夏六传弟子）那么按辈分，公孙弘该是董仲舒的师侄了。

公孙弘能够通过儒学考试，成为先拜相后封侯的第一人，其实和董仲舒也是分不开的。董仲舒上书武帝，确立"罢黜百家，表彰六经"，最终改变了汉代的思想崇尚，逐步形成了崇尚儒学的风气。儒学统治地位的确立，才会有儒家学者得到朝廷重视，才会产生儒学丞相公孙弘。

对于董仲舒，武帝只用其学而不重用其人。说到底，董仲舒只是一位学者，一切所为都是为了"明道""行义"，为了实现道德理想。所以注定他是耿直不屈从的，不会阿谀奉承、博得好大喜功的武帝的欣赏。而公孙弘却不是这样的，他学问不及董仲舒，但是做人圆滑、善于屈从，知道怎样做官，更知道怎样取悦于武帝，容易博得武帝好感。

拥有不同处世态度的人怎么能相安无事，共处一室？最终该来的还是来了。果然董仲舒看不惯公孙弘的行为，骂了公孙弘"从谀"。公孙弘为人是有点忌贤妒能，表面和善，暗中报复。"既然骂了我阿谀奉承，那我就小人到底，看看我阿谀奉承的厉害。"正巧胶西国缺少相国，公孙弘适时进谏，推荐董仲舒，就把董仲舒排挤出朝廷，远远送到那里当个胶西国相。

不知董仲舒在离京到胶西国就职时，是否会想起曾经的韩非，感慨历史的相似。

曾经，公孙弘、董仲舒师出同门，是学术上的盟友。最终《公羊传》在汉代获得独尊地位，一是有董仲舒建立起实用理论，二是有公孙弘全力推行。二人联手，使得公羊学在汉代走红。

董仲舒梳理《春秋》大义，确立"三世""三统"的说法，还将阴阳五行学说引入，建立天人感应学说。同时又发挥《公羊传》之义，引经论事，用《春秋》断狱，将经书与现实政治结合起来，从而将公羊学引导为实践性儒学。后世也以董仲舒为汉代公羊学的正源。

而公孙弘则具体实施,在全国确立了以儒家经学、礼义为标准的升官办法及补官条件。而且由于精通《公羊传》,他也常常采用公羊之义来处理事务。据记载,武帝曾令董仲舒与瑕丘江公辩论《公羊传》《穀梁传》二传优劣。董仲舒擅长辩论、写作,而江公却讷于口,不善言论。加上当时公孙弘为丞相,在整理辩论稿时,袒护董仲舒,使公羊学大获全胜。武帝建立了对公羊学的偏爱,自此之后,内外政事决策都受公羊学影响。

《公羊传》提出"为汉立法",就要为汉朝统治确立一系列的制度。它的推广脱离不了当朝统治者的支持,终究无法避免公孙弘式人物的出现。不圆滑、屈从是无法在官场立足的,不改变学说迎合世俗也无法确立大众对学说的认可。

耿直与圆滑,坚守原则与曲学阿世,这是无法和解的矛盾。董仲舒选择了前者,公孙弘选择了后者。《公羊传》就在二人的矛盾中走向鼎盛。

小知识◎汉代三传争立学官

所谓学官,是主管学务的官员和官学教师。传说在夏代已经设立。

汉武帝"独尊儒术"后,在朝廷设立了五经博士。五经博士就是汉代的一个学官名称。

《春秋》一经,最初只有《公羊传》设立学官而已,这是地位崇高的象征。所以当时引用《公羊传》的文字时就直

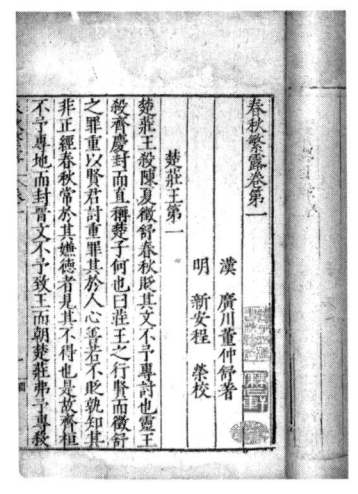

《春秋繁露》
西汉董仲舒所著，共17卷，阐发春秋公羊大义，宣扬大一统、天人感应等

接称是《春秋》所言。到了汉宣帝时，才增设了《穀梁传》，晚了近百年。而《左传》的设立则更晚，是在汉平帝时期，又晚了几十年。

◎石渠阁会议

石渠阁位于西汉长安未央宫北的皇家藏书处，是当时的国家图书馆。甘露三年（前51年），汉宣帝诏萧望之、刘向等儒生在此讨论评定五经。

这次会议重点辩论《公羊传》《穀梁传》异同，实际上是为了提高《穀梁传》地位而召开的。汉宣帝推崇《穀梁传》，这和他祖父卫太子刘据喜好《穀梁传》也不无关系。当然最关键的还是由于《穀梁传》所提倡的人伦宗法开始受到重视。

◎白虎观会议

　　石渠阁会议暂时统一了五经，但经过西汉末的动荡，各家分歧再次抬头。

　　建初四年（79年），鉴于今古文经两者争论不休，汉章帝便下诏在洛阳白虎观讨论五经异同。

　　这次，《公羊传》《左传》成为了一大争论中心。李育用《公羊传》之义反驳贾逵《左传》之义，但贾逵在《左传》中证明汉皇室是尧的后代，汉朝是五行中的火德。依靠这种附会谶纬，《左传》地位日渐上升，章帝也认可了贾逵的说法。

3. 兄弟之争
——《公羊传》《穀梁传》异同

提及博士，我们知道它在现在是指最高的学位。它本义是指博学之士，但在历史上是源于战国的一种官名。秦汉沿用，都设立了各类诸子百家博士。到了汉武帝罢黜百家，最终只确立五经博士，从此博士成为专门传授儒家经学的学官。

最初，《春秋》一经得立学官的只有《公羊传》。《公羊传》可以在国家中央学府开设课程，由专门的博士传授，成为官方学术。

然而在历史中，重要人物的喜好往往会改变历史的演变。甘露三年（前51年），在汉宣帝的支持下，《穀梁传》终于被得立学官，改变了《公羊传》一传独大的局面。《穀梁传》兴盛一时，这当中有着很强的个人因素。

汉宣帝喜好《穀梁传》，是秉承了他祖父卫太子的遗风。卫太子在武帝的要求下学习《公羊传》，但似乎更喜好《穀梁传》。

《公羊传》《穀梁传》二传有很多相似，颇有兄弟之相。

有着同样的出身，《公羊传》《穀梁传》二传据传都是出自子夏。

有着同样的模样,二传的解经方式颇为相似,同样都采用问答方式;有着同样的归属,都属今文经学,都是探究《春秋》微言大义,所阐发的经义也颇多相同。

只是二传的成长不同,《公羊传》原本在齐国盛行,是齐学,而《穀梁传》来自鲁国,是鲁学。在漫长的传播成长过程中,二传形成了各自的侧重点和风格。这一对兄弟之书,《公羊传》是绝对的大哥了。

汉宣帝与鲁人有着千丝万缕的关系,而他身边的几位重臣也是鲁人。鲁人倡导鲁学,是自然而然的。宣帝会选择《穀梁传》也就不足为怪了。

当然更为重要的还是《穀梁传》在解经中的独特之处。

《穀梁传》更重视尊王、尊君思想。我们来看僖公八年所记:"公会王人、齐侯、宋公、卫侯、许男、曹伯、陈世子款,盟于洮。"《公羊传》说王人是身份低微之人,只是因他是周天子所派遣的,才把他放在首位。这已是尊王。但《穀梁传》更进一步,"朝服虽敝,必加

东汉"熹平石经"残石
东汉灵帝熹平四年(175年),蔡邕等人以隶书写定《诗》《书》《易》《仪礼》《春秋》《公羊传》和《论语》7经,刻成46碑,作为儒家经典的标准。"熹平石经"原立于东汉洛阳城南郊太学,是最早的官定儒家经本石刻

于上;弁冕虽旧,必加于首;周室虽衰,必先诸侯。"再破旧的朝服,也要穿在外面;再破旧的帽子,也要戴在头上;周王室再怎么衰弱,地位也必定是高于诸侯的。这一比喻可见君王的地位是不容改变的。

《穀梁传》更重民、重仁德之治。在《春秋》中,筑城的记载很多。《公羊传》认为筑城是动用民力的大事,所以要记录下来。《穀梁传》对筑城之事,一概反对。城墙是用来保民的,如果因为民多城小就筑城,那是永无极限的。保民在德,不在筑城。筑城是劳民伤财的,凡是记载的都是一种讥讽。民是最为重要的,只有用德来得到民众拥护,才可维持国家昌盛。

小知识◎两汉《公羊传》有多红

两汉《公羊传》到底有多红?

我们不妨对《春秋》三传的传授状况做一个比较。

汉宣帝时期,《公羊传》经师眭弘的弟子就有百余人。而眭弘只是董仲舒再传弟子中的一个而已,更不必说其他《公羊传》经师了。而《穀梁传》则是人气低落,宣帝还担心它即将要失传了,特地选择了10个人拜师学习《穀梁传》。至于《左传》,所学之人就更少了,而且学习《左传》的往往也精通《公羊传》。

《公羊传》之流行盛况,从下面两方面可以看出:

一是学习之人众多。据记载,东汉初几位著名经师所传授的弟子就已经达到数万人。

二是公羊学内部也有了学派之分。在一个庞大的学派之中，由于各人侧重关注点不同，小派系的产生也是不可避免的。其中最为重要的是《公羊严氏春秋》和《颜氏春秋》。

上有所好，下必效焉。《公羊传》上有汉武帝的倡导，并身体力行，下令让太子学习。同时又有精通《公羊传》的公孙弘为丞相。《公羊传》俨然成为当时录用选官、进入政界离不开的钦定参考教材。《公羊传》的兴盛也就不足为怪了。

4. 进化和改制
——康有为的新见解

晚清学者龚自珍在遇见刘逢禄，而开始学习《公羊传》感到喜悦时，他并没有料想到自己所学的《公羊传》将会成为新时代的思想武器，改变了中国思想界。

在龚自珍等人的批判声中，清王朝并没有改变原有的运行轨迹。中国走到了千年未有的变革时代，公羊学也迎来了新的变革。

光绪十六年（1890年）春的某一天，广州的广雅书局。在这间由张之洞倾力筹资兴办的书局中，一位已过而立之年的年轻人和其同乡慕名而来，拜访的是书局中的廖平。三人谈得十分投机，畅谈至深夜。来者正是康有为和他的同乡黄绍宪。几日后，廖平回访，在安徽会馆中再次畅谈。这就是羊城之会。

廖平，清末著名的经学家。这个人很奇特，晚年自号"六译老人"，就是指他一生对今古文经学研究有六变。从混合古今变到平分古今，再变到尊今抑古，再变到古大今小，之后越变越奇，越变越虚悬怪诞。这一时期的廖平提倡尊崇今文经学，作品《知圣篇》《辟刘篇》在广

广州广雅书院旧址

广雅书院,清末两广总督张之洞创办的近代著名书院之一,既传授传统学问,又讲授西方学术。同时创办创立广雅书局,出版各种经籍图书

州被广为传抄。康有为因此慕名而急于拜访他。

羊城之会,康有为收获很大。《知圣篇》发展了孔子为素王改制说,《辟刘篇》则通过批判刘歆,来指认古文经学是伪造的。康有为受廖平影响,提出借孔子的名号进行改制,开始作为维新运动的理论依据。廖平所作只是学术著作,而康有为作《孔子改制考》《新学伪经考》是出于变法维新的需要,所以社会反响也更大。

再一次的"旧瓶装新酒"运动开始了。

今文经学中的《公羊传》是康有为大力倚重的,他说"传经只有一《公羊》"。

《公羊传》的经世致用取向,自诞生以来就和政治紧密结合,十分契合康有为进行变法维新的要求。

《公羊传》"为后王立法""素王改制"之义蕴含着变革的色彩。这是康有为进行变法维新的理论依据。

"旧瓶"已经确定,"新酒"哪儿来?

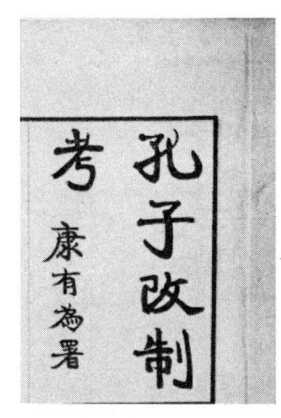

《孔子改制考》
晚清康有为著。借孔子改制的理论为变法提供可靠基础，以历史进化论附会公羊学说，提出通过变法实现大同社会

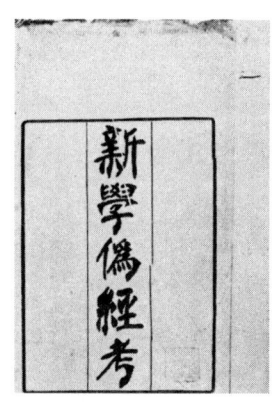

《新学伪经考》
晚清康有为著。着重从经学方面进行论述，对传统的古文经学展开攻击，认为历代尊崇的古文经典是刘歆伪造的，从而打击"恪守祖训"不愿变法的顽固派

这时的中国，西方思想已经涌入，尤其是进化论。中国学者们所接受的进化论，是社会进化论。加了"社会"二字，就指明了是在社会中的进化。而对于指生物学中生物由低级到高级的演进，似乎未受到中国人的响应。光绪二十二年（1896年），康有为看到了严复《天演论》译稿，就被其中阐述的新道理所折服。

"新酒"已到，接下去就是"灌装"了。

《公羊传》有"三世"说，千年前的何休已经阐明。据乱世——升平世——太平世的变化，康有为认定是中国古已有之的进化学说。三世的交替是越变越进步。

三世就是人类社会进化的三个阶段。据乱世是各国有帝王，等级森严，是君主专制社会。升平世是各国设立公政府，有议员、有行政官，这时有两种政体：一是有帝王统于公政府的君主立宪制；另一是渐削帝王、君主位号，改为总统、议长的民主共和制。太平世是已经无国家、无军队、无私有财产、无贵贱，人人平等的大同社会。三世是君主——君主立宪——民主共和的政治进化过程，囊括人类世界历史的演进过程。

人类社会有一个最终的目标，就是大同社会。出于《礼记》的"大同"一词，原本并不受到学者重视。历代学者更看重的是上古三代，向后看才能看到人们心目中的理想社会。康有为所提出的大同社会，是吸取了西方政治文化后所确立的一种构想，要向前看才看得到。一前一后，是中西思想的冲突，是西方进化论思想带给了中国更为激进的变革方向。

《大同书》一出，"大同"一词一时成为流行语，这也可以算是康有为的贡献了。

清代公羊学兴起于两礼部（庄存与、刘逢禄），中经龚自珍等，最终在康有为、梁启超等维新派手中到达巅峰。

在尊崇古文经的保守派眼中，维新派的公羊学是亡经亡国之学。清王朝覆灭若干年后，学者叶德辉还在痛恨："公羊肆流毒，经亡家亦亡。祸首两礼部，刘龚扬沸汤。变法托改帛，大义日晦盲。"

5. 历代对《公羊传》的评论

历代学者往往站在今古文经学的立场，对于《公羊传》的评论带有门户之见。今文学者会夸大《公羊传》，而古文学者则会把它贬得一文不值。

《春秋》三传之间的比较历来是学者关心的话题，这也是今古文之争的表现。前面提及钟嵘以"卖饼家"比喻《公羊传》，而以"大官厨"比喻《左传》，是带有今古文学派的偏见的。

晋代为《穀梁传》作疏的范宁的评判就比较公允了。他曾评判三传："左氏艳而富，其失也巫；穀梁婉而清，其失也短；公羊辩而裁，其失也俗。"《左传》擅长记事，讲究言辞，描写生动，但是过多地记载各类鬼神占卜之事，显得有些诡异。《穀梁传》和《公羊传》都是以议论为主。《穀梁传》言辞清晰，语意通畅，但过于简短。《公羊传》议论判断立场分明，善于裁决，但流于粗俗。

两汉之后，《公羊传》隐没无闻，几乎成为绝学，这是学界共识。早在唐代，韩愈在《遗殷侍御书》说："近世公羊学废绝，何氏注外，不见他书。圣经贤传屏风而不省，要妙之义无自而尊。"但是，《公羊传》

一直被列入经典之中，公羊子、何休也被作为配祀孔庙的人物受到统治者的推崇，几乎各个时期都有人研究或涉及到《公羊传》，公羊学也时有被人称引的记录。

梁启超曾言："今文学之中心在《公羊》，而《公羊》家言，则真所谓'其中多非常异义可怪之论'，自魏晋以还，莫敢道焉。今《十三经注疏》本，《公羊传》虽用何注，而唐徐彦为之疏，于何义一无发明。《公羊》之成为绝学，垂二千年矣。"《公羊传》的衰落，也是今文经学的衰落。

宋以来，学术方向发生了很大的变化，确立起不同于今古文经学的学术方向。儒家转向以内圣之学为主，兼及外王之学。虽然《公羊传》所确立的许多制度观念已经流行千年，但儒者再也没有对《公羊传》提起兴趣。一代大儒朱熹也承认："《春秋》义例，时亦窥其一二大者，而终不能自信于心，故未尝敢措一辞。"

到清代，《公羊传》复兴，但今古文之争仍存在。张之洞是晚清著名的洋务派，在学术上恪守古文经学立场，不喜《公羊传》。张之洞曾自称："平生学术最恶《公羊》之学，每与学人言，必力诋之。"

小知识◎灾异可怕吗

大自然神秘莫测，灾异难以阻挡。大雨、雪、大旱、大水、地震、山崩地裂、虫害，等等，各类的灾异时常发生。《春秋》不厌其烦地记录灾异，几乎平均每年一次。无知的人看到灾异只会害怕，求神拜佛，有识之士则不会害怕。

有记载，齐国出现一只脚的鸟，在宫殿前飞舞。齐侯非常奇怪，就询问孔子。孔子回答道："这个鸟叫商羊，是有大水的征兆。天将大雨，商羊鼓舞。现在齐国见到此鸟，这是水患将至，请速速疏挖渠沟，修筑堤防，以免大水成灾。"后来果然有大水。

害怕出于无知，能够了解灾异，自然不会害怕灾异。

灾异的发生，古人认为是对人们的警戒，大的灾异是揭露执政者的过错行为。君王都会发布罪己诏，改正过错。所以有识之士会敬畏自然，但不会害怕灾异。灾异反而能有助于执政者时时反省自己的行为有无过失，有助于政治的清明廉洁，这就是所谓"多难兴邦"。

我们现代人虽然不会将灾异看作天谴，但对于灾异仍会以科学态度去探索原因。灾异不可怕，我们要正确认识它。

图书在版编目（CIP）数据

托古改制：公羊传 / 陈慧琪著. — 郑州：中州古籍出版社，2014.6
（华夏文库）
ISBN 978-7-5348-4626-7

Ⅰ. ①托… Ⅱ. ①陈… Ⅲ. ①《公羊传》-研究 Ⅳ. ①K225.047

中国版本图书馆CIP数据核字（2014）第003523号

华夏文库·儒学书系
托古改制：公羊传

总 策 划　耿相新　郭孟良
责任编辑　闵世勇
责任校对　李接力
封面设计　新海岸设计中心
版式设计　曾晶晶
美术编辑　曾晶晶
责任印制　刘新毅
项目统筹　单占生　萧　红（执行）

出　版	中州古籍出版社
	地址：河南省郑州市经五路66号
	邮编：450002
	电话：0371-65788693
经　销	新华书店
印　刷	河南新华印刷集团有限公司
版　次	2014年6月第1版
印　次	2014年6月第1次印刷
开　本	960毫米×640毫米　1/16
印　张	8.5印张
字　数	60千字
印　数	1-4000册
定　价	22.50元

本书如有印装质量问题，由承印厂负责调换